我国农业规模经济的变化与政策含义

周群力 著

中国发展出版社
CHINA DEVELOPMENT PRESS

图书在版编目（CIP）数据

我国农业规模经济的变化与政策含义/周群力著.—北京：
中国发展出版社，2016.10

（国务院发展研究中心研究丛书.2016／李伟主编）

ISBN 978 - 7 - 5177 - 0543 - 7

Ⅰ.①我…　Ⅱ.①周…　Ⅲ.①农业经济—规模经济—研究—中国　Ⅳ.①F32

中国版本图书馆 CIP 数据核字（2016）第 156440 号

书　　　名：我国农业规模经济的变化与政策含义
著作责任者：周群力
出 版 发 行：中国发展出版社
　　　　　　（北京市西城区百万庄大街 16 号 8 层　100037）
标 准 书 号：ISBN 978 - 7 - 5177 - 0543 - 7
经 　销 　者：各地新华书店
印 　刷 　者：北京科信印刷有限公司
开　　　本：710mm×1000mm　1/16
印　　　张：12.5
字　　　数：170 千字
版　　　次：2016 年 10 月第 1 版
印　　　次：2016 年 10 月第 1 次印刷
定　　　价：44.00 元

联 系 电 话：（010）68990625　68990692
购 书 热 线：（010）68990682　68990686
网 络 订 购：http://zgfzcbs.tmall.com
网 购 电 话：（010）68990639　88333349
本 社 网 址：http://www.develpress.com.cn
电 子 邮 件：121410231@qq.com

践行五大发展理念　发挥高端智库作用
努力推动中国经济转型升级

2016 年是"十三五"开局之年。"十三五"时期是塑造中国未来的关键五年，到 2020 年能否实现全面建成小康社会的目标，不仅是发展速度快慢的问题，更是决定中国能否抓住转型发展的历史窗口期，跨越"中等收入陷阱"、顺利实现现代化的问题。

2015 年 10 月，党的十八届五中全会通过的《中共中央关于制定国民经济和社会发展第十三个五年规划的建议》确立了"创新、协调、绿色、开放、共享"五大发展理念。2016 年 3 月，十二届全国人大四次会议通过的《国民经济和社会发展第十三个五年规划纲要》明确了新时期发展的总体思路，提出了应对国内外严峻挑战的战略性安排。

毋庸讳言，我国经济社会发展确实面临着一些前所未遇的困难和挑战，诸如：劳动年龄人口绝对量下降，老龄化问题日益显现，传统产业和低附加值生产环节的产能严重过剩，粗放式发展产生的生态环境问题逐渐暴露，以创新为驱动力的新增长动力尚未形成，社会对公平正义的诉求日益增强，等等。但与此同时，也应该客观地看到，我国的发展依然有着巨大的潜力和韧性。城镇化远未完成，欠发达地区与发达地区间存在明显的发展差距。这意味着，在当前和未来相当长的时期内，投资和消费都有很大的增长空间。我国产业体系完备、人力资本丰富、创新能力正在增强，有支撑未来发展的雄厚基础和良好条件。目前经济增长速度呈现的下降态势，只是经济结构转型过程中必然出现的暂时现象，而且这一态势是趋缓的、可控的、可承受的。随着结构调整、经济转型不断取得进展，我国经济将在新的发展平台上实现稳定、持续的中高速增长。

正是基于各种有利因素和不利因素复杂交织、相互影响的大背景，我们认为，中国的现代化已经进入转型发展重要的历史性窗口期，如果不能在窗口期内完成发展的转型，我们就迈不过"中等收入陷阱"这道坎，现代化进程就有可能中断。

中央十分清醒地认识到这一点，并对转型发展进行了周密部署。概言之，未来五年，为了推动经济转型、释放发展潜力，我们将以新的发展理念为统领，依照"十三五"规划描绘的蓝图，通过持续不断地深化改革和扩大开放，建立新的发展方式，形成创新驱动发展、协调平衡发展、人与自然和谐发展、中国经济和世界经济深度融合、全体人民共享发展成果的发展新格局。

推动经济转型升级，形成发展新格局，需要从供给和需求这两侧采取综合措施，在适度扩大总需求的同时，着力加强供给侧结构性改革，转变发展方式，促进经济转型。我国经济发展正处于"三期叠加"的历史性转折阶段，摆在面前的既有周期性、总量性问题，但更突出的是结构性问题。在供给与需求这对主要矛盾体中，当前矛盾的主要方面是在供给侧。比如，在传统的增长动力趋弱的同时，新的增长动力尚难以支撑中高速增长；产业结构资源密集型特征明显，对生态环境不够友好；要素在空间上的流动还不够顺畅，制约了城乡、区域协调发展；对外经济体制不能完全适应国际贸易投资规则变化的新趋势等。因此，去年以来，中央大力推进供给侧结构性改革，重点落实"三去一降一补"五大任务，用改革的办法推进结构调整，提高供给结构对需求结构变化的适应性，努力提升经济发展的质量和效益。"十三五"规划亦把供给侧结构性改革作为重大战略和主线，旨在通过转变政府职能、发展混合所有制经济、增强市场的统一性和开放性、健全经济监管体系等，促进资源得到更合理的配置和更高效的利用，提高生产效率，优化供给结构，为形成发展新格局奠定坚实的物质基础。当然，这里要强调的是，注重供给侧结构性改革，并非不要进行需求管理。我们还将采取完善收入分配格局、健全公共服务体制等措施，推动社会实现公平、正义，并为国内需求的增长提供强力支撑，使需求和供给在更高水平上实现良性互动。

当前，国务院发展研究中心正在按照中央的要求和部署，积极推进国家高端智库建设的试点工作，努力打造世界一流的中国特色新型智库。作为直接为党中央、国务院提供决策咨询服务的高端智库，我们将坚持"唯真求实、守正出新"的价值理念，扎实做好政策研究、政策解读、政策评估、国际交流与合作等四位一体的工作，为促进中国经济转型升级及迈向中高端水平、实现全面建成小康社会的宏伟目标做出应有的贡献。

这套"国务院发展研究中心研究丛书2016"，集中反映了过去一年我们的主要研究成果，包括19种（20册）著作。其中：《新兴大国的竞争力升级战略》（上、下册）和《从"数量追赶"到"质量追赶"》是中心的重大研究课题报告；《新形势下完善宏观调控理论与机制研究》《区域协同发展：机制与政策》等9部著作，是中心各研究部（所）的重点研究课题报告；还有8部著作是中心资深专家学者或青年研究人员的优秀招标研究课题报告。

"国务院发展研究中心研究丛书"自2010年首次面世至今，已是连续第七年出版。七年来，我们获得了广大读者的认可与厚爱，也受到中央和地方各级领导同志的肯定和鼓励。我们对此表示衷心感谢。同时，真诚欢迎各界读者一如既往地关心、支持、帮助我们，对这套丛书以及我们的工作不吝批评指正，使我们在建设国家高端智库、服务中央决策和工作大局、推动经济发展和社会进步的道路上，走得更稳、更快、更好。

国务院发展研究中心主任、研究员　　李伟

2016 年 8 月

前言

随着我国城镇化进程的加快，大量农村劳动力进入城市，农业生产出现土地流转加快、农业资本不断深化和新型经营主体不断涌现等特点。我国的农业生产成就巨大，但也存在着生产成本高、利润薄等问题，亟须提高生产效率，逐渐从小农生产方式向规模化、集约化的现代农业生产方式转变。以多种形式的适度规模经营为抓手，可以发挥农业生产的规模经济效益，提升农业的全要素生产率（TFP），有助于实现农业的可持续发展。

首先，课题组参考历年《全国农产品成本收益资料汇编》数据，运用 Törnquist-Theil 指数方法发现，改革开放以来，在历年各种农业政策的影响下，我国稻谷、小麦和玉米三大主粮种植的 TFP 在波动中增长。20 世纪 80 年代的 TFP 增速较快，90 年代的 TFP 增速放缓，进入 21 世纪以后，TFP 增速又有所提高。

课题组运用 2013 年全国范围内 3063 户种植户的微观调查数据进一步分析了农业投入要素组合方式对作物产量和 TFP 的影响。实证分析表明，粮食生产存在显著的规模报酬递增。随着经营规模的扩大，粮食单产水平呈"倒 U 型"趋势。这表明，农业生产需要适度规模，规模过小或者过大，都不利于单产的提升。基于 2012 年国家统计局对 70720 个农户的微观调查数据，课题组发现，总体而言，当土地经营规模为 65～174 亩时，在这一区间内扩大耕种面积是有利于降低单产成本、提高单产利润的。

但是，在我国人多地少的资源禀赋条件下，要达到户均 100 亩左右的最优耕种规模，还需要转移大量的农村劳动力。这需要配套的制度变革，并循序渐进地发展。仅靠土地规模经营，难以充分发挥我国农业生产的规模经济效益。建设农业生产全过程的社会化服务体系，促进农业生产的专业化分工，以服务规模化促进农业现代化，是农业生产提质增效的又一重要途径。

从我国农业生产的宏观和微观数据出发，课题组分析了我国农业生产规模经济的变化和现状，考察了土地规模化和服务规模化在农业生产提质增效中的作用。在对江苏省泗洪县土地规模经营和山东省供销社推进服务规模化两个案例进行实地调研的基础上，课题组认为，以土地适度规模经营和社会化服务体系建设为抓手，推进农业适度规模经营，可以发挥规模化、集约化的现代农业生产方式的规模经济效应，如促进农业节本增效、保障农产品质量安全、延伸农业产业链等。这需要继续实施引导土地规范化流转、加强农村融资服务、强化农业科技管理支撑、培育新型经营主体等配套措施。

作者感谢国务院发展研究中心农村经济研究部叶兴庆部长和张云华副部长、金三林副部长、程郁副研究员以及中国人民大学刘守英教授的关心和帮助，感谢国家统计局住户调查办公室和中央农村工作领导小组办公室罗丹副巡视员提供的数据支持，感谢江苏省、山东省和吉林省有关同志对课题组调研工作的支持和帮助。

由于时间等方面的限制，本项研究还存在不少不足之处，希望读者不吝批评指正。

目 录

第一章

近年来我国农业生产的现状

改革开放以来，伴随着快速的工业化和城镇化进程，大量农业劳动力进入城市和工业部门，我国农业生产的要素投入方式发生了巨大变化，具体表现为土地流转加快、经营规模扩大、农业资本不断深化、经营主体趋于多元等。农业生产在取得"十二连增"巨大成就的同时，也造成了农业生产成本高、利润薄，资源环境压力大等问题，亟须转变农业发展方式，以规模化、集约化的内涵式增长提高农业生产效率，促进农业可持续发展。

一、我国农业生产的要素投入发生了巨大变化

（一）农村劳动力从事非农就业的数量增加

随着市场化和城镇化进程的加快，我国的农民工群体日益增大。根据国家统计局发布的《2014 年全国农民工监测调查报告》，2014 年全国农民工总量为 27395 万人，比 2013 年增加 501 万人，增长 1.9%。其中，外出农民工 16821 万人，比上年增加 211 万人，增长 1.3%；本地农民工 10574 万人，增加 290 万人，增长 2.8%。具体数据见表1-1。

表 1-1 　　　　　　　　　　 2010～2014 年我国农民工数量 　　　　　单位：万人

项 目 ＼ 年 份	2010	2011	2012	2013	2014
农民工总量	24223	25278	26261	26894	27395
1. 外出农民工	15335	15863	16336	16610	16821
（1）住户中外出农民工	12264	12584	12961	13085	13243
（2）举家外出农民工	3071	3279	3375	3525	3578
2. 本地农民工	8888	9415	9925	10284	10574

《2014 年全国农民工监测调查报告》指出，近年来农民工总量增长率持续回落，2011 年、2012 年、2013 年和 2014 年农民工总量增长率分别比上年回落 1.0、0.5、1.5 和 0.5 个百分点。2011 年、2012 年、2013 年和 2014 年外出农民工人数增长率分别比上年回落 2.1、0.4、1.3 和 0.4 个百分点。具体数据见图 1-1。

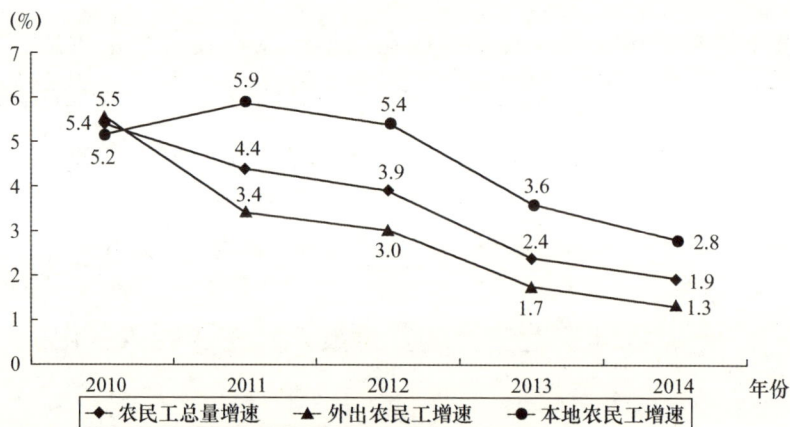

图 1-1 　2010～2014 年农民工总量增长率

按输出地分，东部地区农民工 10664 万人，比上年增加 210 万人，增长 2.0%，东部地区农民工占全国农民工总量的 38.9%；中部地区农民工 9446 万人，比上年增加 111 万人，增长 1.2%，中部地区农民工占全国农民工总量的 34.5%；西部地区农民工 7285 万人，比上年增加 180 万人，增长 2.5%，西部地区农民工占全国农民工总量的

26.6%。西部地区农民工数量增长速度分别比东部、中部地区高出0.5和1.3个百分点。

（二）土地流转速度加快

20世纪80年代初到90年代初，全国土地流转比例很小。根据全国农村固定观察点调查资料，1984～1992年间完全没有转让过耕地的农户比例达93.8%。2003年，农业部农村固定观察点对全国20842户的抽样调查显示，全国土地流转面积占总耕地面积的9.1%。近年来，全国土地流转速度明显加快，截至2014年年底，全国家庭承包耕地流转总面积达到4.03亿亩，是2010年的2.16倍。2014年农地流转总面积占家庭承包经营耕地面积的30.32%，比2010年提高15.65个百分点。具体数据见表1-2。

表1-2　　　　　　　　土地流转率的变化（2010～2014年）

年份\项目	2010	2011	2012	2013	2014
承包耕地面积（亿亩）	12.73	12.77	13.1	13.27	13.29
流转面积（亿亩）	1.87	2.28	2.78	3.41	4.03
流转率（%）	14.67	17.85	21.25	25.70	30.32

（三）农户土地经营规模增加

土地流转加快的同时，农户经营土地的规模也在增加，如表1-3所示。截至2013年年底，经营耕地10亩以下的农户2.26亿户，占家庭承包户总数的85.96%以上，经营耕地在10亩以上的农户已经占到14.04%。在经营规模扩大的类别中，10～30亩和30～50亩两个组别的比例最高，分别达到10.28%和2.55%；2014年，尽管经营50亩以下的农户仍占绝大多数（98.71%），但经营50亩以上的农户比例在持续上升。

表1-3 农户经营耕地规模情况（2010~2014年）

经营面积（亩）	2010年		2011年		2012年		2013年		2014年	
	农户数（万户）	比例（%）	农户数（万户）	比例（%）	农户数（万户）	比例（%）	农户数（万户）	比例（%）	农户数（万户）	比例（%）
10以下	22390.6	85.80	22659.3	85.94	22531.2	86.11	22666.4	85.96		
10~30	2824.9	10.82	2819.3	10.69	2742	10.48	2711.8	10.28	26210.5	98.71
30~50	609.0	2.33	611.4	2.32	603.6	2.31	673.6	2.55		
50~100	201.1	0.77	197.1	0.75	204.9	0.78	225.8	0.86	235.4	0.89
100~200	48.8	0.19	53.2	0.20	56.9	0.22	62.9	0.24	75.0	0.28
200以上	23.3	0.09	25.7	0.10	25.7	0.10	28.9	0.11	31.0	0.12

（四）农业机械化程度不断深化

2014年，我国农用机械总动力是107600万千瓦，是1978年的9.16倍，是2003年的1.78倍。农用大中型拖拉机动力由2003年的3230[①]万千瓦上升到2012年的14437万千瓦，增长了346.97%，而小型拖拉机动力在同期只增长了33.7%。这也反映了近年来农业规模化集约化经营的发展势头迅猛，如表1-4和图1-2所示。农村用电量也从2003年的3433亿千瓦小时上升到2014年的8884亿千瓦小时，增长了158.78%。相应地，从事农业劳动的人口不断减少，2003~2014年，"一产"就业人员从36204万人下降到了22790万人，减少了37.05%。

表1-4 2003~2014年我国"一产"就业人员与农业机械情况

年份	农业机械总动力（万千瓦）	农村用电量（亿千瓦小时）	农用大中型拖拉机动力（万千瓦）	"一产"就业人员（万人）
2014	107600.00	8884.45		22790.00
2013	103906.75	8549.52		24171.00

---

① 为便于观察比较，正文中的数字多取整数。准确数字请看相应表格。

续表

年份	农业机械总动力 （万千瓦）	农村用电量 （亿千瓦小时）	农用大中型拖拉机动力 （万千瓦）	"一产"就业人员 （万人）
2012	102558.96	7508.46	14436.39	25773.00
2011	97734.66	7139.62	12850.15	26594.16
2010	92780.48	6632.35	11166.99	27930.54
2009	87496.10	6104.44	9772.60	28890.47
2008	82190.41	5713.15	8186.50	29923.34
2007	76589.56	5509.90	6101.05	30730.97
2006	72522.12	4895.80	5245.30	31940.63
2005	68397.85	4375.70	4293.49	33442.00
2004	64027.91	3933.03	3713.09	34830.00
2003	60386.54	3432.92	3229.83	36204.00

资料来源：同花顺。

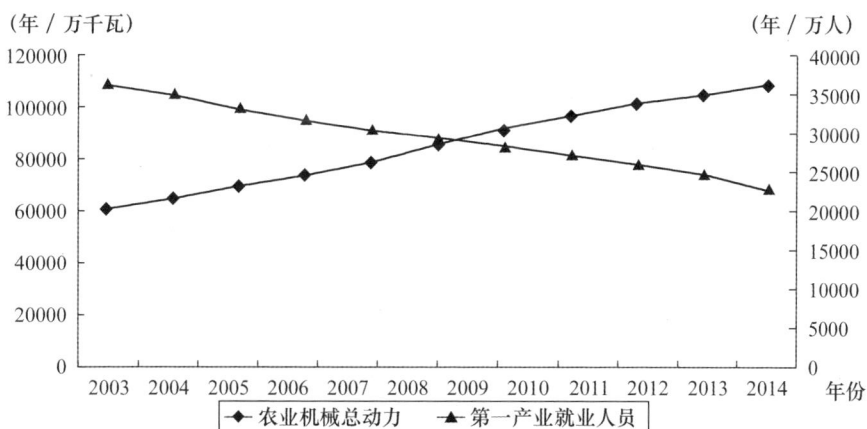

图 1-2　2003～2014 年我国农业就业人员与农业机械情况

（五）经营主体趋于多元

在农业现代化转型的进程中，我国农业的要素配置组合发生了变化，这就要求生产经营组织方式也随之改变。伴随农业生产方式的转变，各类新型农业经营主体发展势头良好，农地经营主体越来越多元化。

从流转土地来看,土地承包的接包主体趋于多元化,如表1-5所示。2014年,在全部流转耕地中,流入农户的比例占58.31%,土地向其他主体的流转依次为:农民专业合作社占21.84%,企业占9.68%,其他主体占10.17%。与2010年相比,2014年流入农户的土地比例下降了11.04个百分点;流入农民专业合作社的土地比例上升了10.01个百分点;流入企业的土地比例上升了1.62个百分点;流入其他主体的土地比例降低了0.58个百分点。

表1-5　　　　　　　耕地流转转入主体(2010~2014年)

耕地主体	2010年		2011年		2012年		2013年		2014年	
	面积(亿亩)	比例(%)	面积(亿亩)	比例(%)	面积(亿亩)	比例(%)	面积(亿亩)	比例(%)	面积(亿亩)	比例(%)
农　户	1.29	69.35	1.54	67.54	1.8	64.75	2.06	60.41	2.35	58.31
专业合作社	0.22	11.83	0.31	13.60	0.44	15.83	0.69	20.23	0.88	21.84
企　业	0.15	8.06	0.19	8.33	0.25	8.99	0.32	9.38	0.39	9.68
其他主体	0.2	10.75	0.24	10.53	0.29	10.43	0.34	9.97	0.41	10.17

从耕地经营的整体格局来看,农地经营正在从农户单一主体向农户与专业合作社、企业等多主体共营转变。在经营主体中,农户虽然仍然占据主导地位,但近年来其经营的面积与比例都在下降,如表1-6所示。2010~2014年,农户的耕地经营面积由12.15亿亩下降到11.61亿亩,下降了4.44个百分点,农户经营耕地的比例从95.44%下降到87.36%,下降了8.08个百分点。同期由专业合作社经营的耕地面积与比例均在快速上升,合作社经营的耕地面积从2010年的0.22亿亩增加到2014年的0.88亿亩,增长了300%,专业合作社经营的耕地面积比例则从1.73%上升到6.62%,增加了4.89个百分点。同一时期,由企业和其他主体经营的耕地面积也翻了一倍,由企业经营的耕地面积从2010年的0.15亿亩增加到2014年的0.39亿亩,占

比从 1.18% 增加到了 2.93%，增长了 1.75 个百分点；由其他主体经营的耕地面积从 0.2 亿亩增加到 0.41 亿亩，占比从 1.57% 增加到 3.09%，增长了 1.52 个百分点。

表 1-6　　　　　　　　　不同主体农地经营面积与比例

耕地主体	2010 年		2011 年		2012 年		2013 年		2014 年	
	面积（亿亩）	比例（%）	面积（亿亩）	比例（%）	面积（亿亩）	比例（%）	面积（亿亩）	比例（%）	面积（亿亩）	比例（%）
农　户	12.15	95.44	12.03	94.21	12.12	92.52	11.92	89.83	11.61	87.36
专业合作社	0.22	1.73	0.31	2.43	0.44	3.36	0.69	5.20	0.88	6.62
企　业	0.15	1.18	0.19	1.49	0.25	1.91	0.32	2.41	0.39	2.93
其他主体	0.2	1.57	0.24	1.88	0.29	2.21	0.34	2.56	0.41	3.09

二、当前农业生产存在的问题

长久以来，我国农业采用的是注重产量的粗放型生产方式，这种单纯依靠土地、化肥等生产要素投入的生产方式越来越难以持续，农民增收、粮食增产的难度越来越大。尽管生产方式转变使我国农业生产取得"十二连增"的巨大成就，但农业要素配置不合理的问题仍然存在。这使得农业生产成本逐年增加，利润却在不断下降。

（一）农业生产成本高、利润薄

表 1-7 显示了我国 1978~2014 年水稻、小麦和玉米这三种粮食生产的投入要素费用的变化。三大主粮的劳动力投入稳步减少，机械投入大幅增加，化肥与其他投入也呈增长趋势。其中，三大主粮每亩用工数量从 1978 年的 33.31 个工日下降到 2014 年的 5.87 个工日，下降了 82.4%。每亩化肥费用从 1978 年的 7.08 元上升至 2014 年的

132.42 元，每亩农药费用从 1978 年的 0.84 元上升至 2014 年的 27.56 元，每亩机械作业费从 1978 年的 0.84 元上升至 2014 年的 134.08 元。

表 1-7 1978～2014 年三种粮食成本费用

成本年份	每亩用工数量（日）	每亩化肥费（元）	每亩种子费（元）	每亩农药费（元）	每亩机械作业费（元）
1978	33.31	7.08	2.98	0.84	0.84
1979	27.70	14.39	3.23	0.80	1.22
1980	26.57	8.48	3.43	0.90	1.27
1981	23.79	8.68	3.47	0.90	1.24
1982	20.67	9.35	3.69	1.00	1.17
1983	19.66	10.20	3.94	1.08	1.24
1984	18.44	10.68	4.56	1.11	1.37
1985	17.57	12.25	4.83	1.14	1.63
1986	17.20	12.92	5.32	1.31	2.07
1987	16.94	15.58	6.01	1.54	2.44
1988	17.06	20.13	6.72	2.06	3.14
1989	17.10	25.03	9.08	2.93	4.55
1990	17.29	27.77	10.65	3.33	5.00
1991	15.82	28.68	9.45	3.63	5.99
1992	15.94	30.01	9.64	3.73	6.72
1993	15.81	33.56	10.13	4.04	8.04
1994	15.09	46.12	15.82	5.85	12.49
1995	15.91	62.79	22.65	7.33	13.21
1996	15.70	72.11	24.97	8.29	15.74
1997	15.30	68.00	22.63	8.30	18.44
1998	13.79	64.43	20.71	8.25	20.38
1999	12.80	62.75	21.25	8.69	21.22
2000	12.20	57.37	18.94	8.12	22.85
2001	12.00	54.76	18.00	8.31	22.79
2002	11.50	57.27	20.32	8.70	23.78
2003	11.10	57.93	19.07	9.22	24.09

年份\成本	每亩用工数量（日）	每亩化肥费（元）	每亩种子费（元）	每亩农药费（元）	每亩机械作业费（元）
2004	9.97	71.44	21.06	11.55	31.58
2005	9.59	84.31	24.90	14.38	37.73
2006	8.68	86.81	26.29	16.15	46.73
2007	8.18	90.80	27.57	18.17	54.44
2008	7.69	118.49	30.58	20.61	68.97
2009	7.22	117.55	33.58	20.66	72.60
2010	6.93	110.94	39.74	22.39	84.94
2011	6.79	128.27	46.45	23.39	98.53
2012	6.43	143.40	52.05	26.21	114.48
2013	6.17	143.31	55.37	26.97	124.92
2014	5.87	132.42	57.82	27.56	134.08

资料来源：历年《全国农产品成本收益资料汇编》。

由于受农资成本、人工成本上升等因素的影响，我国三种粮食生产的利润率越来越低，如表1-8所示。据《全国农产品成本收益资料汇编2015》显示，我国三大主粮的每亩主产品总成本由2009年的600.41元上升到2014年的1068.57元，增长了77.97%。人工成本由2009年的188.39元上升到2014年的446.75元，上升了137.14%。土地成本由2009年的114.62元上升到2014年的203.94元，增长了77.93%。每亩净利润则大幅下降，由2009年的192.35元下降到2014年的124.78元，5年间降低了35.13%。每亩成本利润率由2009年的32.04%大幅下降到2014年的11.68%。

表1-8　　2009～2014年三种粮食平均每亩成本、收益情况

项目\年份	2009	2010	2011	2012	2013	2014
主产品产量（公斤）	423.50	423.50	441.95	451.35	444.67	470.93
产值合计（元）	792.76	899.84	1041.92	1104.82	1099.13	1193.35

年 份 项 目	2009	2010	2011	2012	2013	2014
主产品产值（元）	773.45	879.05	1020.19	1081.97	1077.29	1171.46
副产品产值（元）	19.31	20.79	21.73	22.85	21.84	21.89
总成本（元）	600.41	672.67	791.16	936.42	1026.19	1068.57
生产成本（元）	485.79	539.39	641.41	770.23	844.83	864.63
物质与服务费用（元）	297.40	312.49	358.36	398.28	415.12	417.88
人工成本（元）	188.39	226.90	283.05	371.95	429.71	446.75
家庭用工折价（元）	171.05	206.27	259.48	342.33	397.32	414.18
雇工费用（元）	17.34	20.63	23.57	29.62	32.39	32.57
土地成本（元）	114.62	133.28	149.75	166.19	181.36	203.94
流转地租金（元）	11.31	15.37	17.75	21.81	26.28	32.46
自营地折租（元）	103.31	117.91	132.00	144.38	155.08	171.48
每亩净利润（元）	192.35	227.17	250.76	168.40	72.94	124.78
现金成本（元）	326.05	348.49	399.68	449.71	473.79	482.91
现金收益（元）	466.71	551.35	642.24	655.11	625.34	710.44
每亩成本利润率（%）	32.04	33.77	31.70	17.98	7.11	11.68

资料来源：2015年《全国农产品成本收益资料汇编》。

（二）要素配置不合理

1. 耕地规模小、碎片化严重

我国人多地少的资源禀赋导致了土地规模偏小。国家统计局农户微观调查数据显示，2012年，我国谷物耕种面积的全国平均水平仅为8亩。不仅如此，各地在具体实施农村家庭联产承包责任制时，还采取了在耕地承包数量上按家庭大小平均分配、在承包质量上按肥瘦搭配、远近搭配的做法，使得农户不但经营耕地的规模小，而且地块数多，耕地碎片化严重。据2003年农村固定观察点农户数据调查显示，2003年我国户均地块数5.722块，其中规模不足0.033公顷的有

2.858 块，在 0.033 ~ 0.067 公顷的有 1.194 块，在 0.067 ~ 0.133 公顷的有 0.813 块，在 0.133 ~ 0.2 公顷的有 0.342 块，在 0.333 公顷以上的仅有 0.233 块。

李建林等（2006）的研究表明，由于耕地碎片化，我国浪费的耕地占农地有效面积的 3% ~ 10%，使生产每吨谷物的劳动力成本增加了 115 元，造成土地生产率降低 15.3%。Zhang et al.（1997）的研究表明，农地细碎化的存在浪费了我国农地有效面积的 5% ~ 10%。Wan 和 Cheng（2001）的研究显示，我国农业生产中的规模效益很小，不利于标准化生产和机械化作业，土地细碎化降低了农业的产出水平。

2. 劳动力的老龄化，且受教育程度不高

由于外出务工的劳动力多是具有较高学历的青壮年男性，使得留在农村从事农业的劳动力年龄老化、素质下降，有些地方甚至出现了季节性的劳动力短缺现象。农业兼业化、副业化倾向显现，农民对农业生产的某些环节无力顾及，甚至退出传统生产领域，致使一些农产品的生产能力有所下降。

根据农业部农村经济研究中心"我国粮食安全发展战略研究"课题组 2011 年基于 22 个省（区、市）134 个村庄 1552 个水稻种植户的调查数据，样本户主平均年龄 51.4 岁，其中户主 50 岁以上的农户占 55.3%，户主受教育年限平均为 7 年，基本为初中文化程度（李文明等，2015）。

3. 农业科技含量仍有待提升

我国存在着农业科技成果的转化应用比较滞后、农机服务体系不健全、适合小规模土地经营方式的小型农业机械的研发不足等问题。农业生产较多地依赖粗放式的要素投入，科技含量不高，需要提升农业生产的科技含量。

4. 农业融资不足

现代农业生产需要全产业链的金融、保险、农技、农机、农资、销售、咨询、技术培训等社会化服务的支持。农村基层金融服务机构少、信贷规模小，难以对现代农业经营主体的生产经营活动形成有力支撑。

5. 农业生产组织化程度偏低

当前，我国农户家庭经营多数仍属于分散经营，存在着"小生产"与"大市场"的矛盾，面临着自然、市场和质量安全"三重风险"。专业大户和家庭农场尚处于发展早期，不但数量少而且规模小。农民专业合作社发展也还处在起步阶段，截至2014年底，全国农民专业合作社达113.8万个，但被农业部门认定为示范社的只有10.7万个，占比9.4%。龙头企业与农户间的利益联结机制还不健全，采用合作、股份合作等较为紧密联结方式的仅占38.2%。

综上所述，传统的农业生产方式下，我国土地、资本、劳动力、科技等要素投入的质量和配置效率都处于较低的水平，导致农业生产成本高、利润薄，农民增收困难。因此，农业生产方式转型期要实现农业可持续发展、增加农民收入，必须提高农业的全要素生产率。在下一章，我们将定量分析改革开放以来我国农业生产全要素生产率的变化情况。

第二章

我国农业全要素生产率的变化趋势分析

要提高农业产出，离不开两条途径：一是外延式的，即增加要素投入，二是内涵式的，即提高要素配置效率，使单位投入的产出更高。要转变农业生产方式，实现农业的可持续发展，就要更加重视提高要素配置效率。全要素生产率衡量产出增长中不能归因于有形生产要素（劳动力、农用机械、土地、化肥等）增长的部分，体现了知识、技术培训、规模经济、组织管理等因素对产出的作用。考察近年来我国农业生产的全要素生产率及全要素生产率的增长率，对于转变农业发展方式、推动规模化集约化经营有重要的理论和现实意义。本章在分析借鉴现有研究成果的基础上，从不同角度对我国农业生产特别是粮食生产的全要素生产率进行了定量分析，作为进一步探讨以适度规模经营为抓手提升全要素生产率、提升农业现代化水平的基础。

一、改革开放以来我国农业全要素生产率的变化

——文献综述

提高农业生产率是实现农业可持续发展的关键，衡量农业生产率

的重要方法是计算农业全要素生产率（TFP）。现有文献中对我国农业全要素生产率的测算主要有参数估计和非参数估计两类方法。

参数估计先确定生产函数的形式，通过计量回归估计出各参数系数，进而测算 TFP。林毅夫（1992）利用 C - D 生产函数法，分析了 1979~1988 年农村改革对我国农业增长的贡献。结果表明，这一期间的农业产出增长了 42.23%，其中 48.46% 来源于全要素生产率增长的贡献。然而，C - D 生产函数所估计出来的各类要素的投入产出弹性是固定不变的，并且通常不能反映规模报酬不变的假设。针对这一缺陷，赵芝俊、张社梅（2006）利用投入要素弹性可变的农业生产函数和 1985~2003 年我国 30 个省份的数据，测定我国农业技术进步贡献率的变动趋势。他们发现，1985~2003 年，农业技术进步贡献率总体上不断上升，物质投入增长在农业增长中的作用减缓。

在运用非参数方法测算 TFP 的研究中，Fan 和 Zhang（2002）利用 Törnquist 指数法计算出，1978~1997 年我国农业全要素生产率的年均增长率为 3.4%~5.3%。家庭联产承包责任制的制度变革使得 1978~1984 年间的产出和全要素生产率大幅度增加。如果不考虑制度变革的作用，1985~1997 年农业全要素生产率的年均增长率仍高达 2.2%~4.8%。赵文、程杰（2011）使用索罗余值法和 Törnquist-Theil 指数法，在修正投入和产出数据的基础上，重新考察了我国农业的全要素生产率，他们计算出 1978~2009 年我国农业的全要素生产率年均增长 2.0%~2.6%（见表 2-1）。

表 2-1　　　　　1978~2009 年我国农业 TFP 年均增长率　　　　单位:%

	1978~2009 年	1978~1984 年	1985~2001 年	2002~2009 年
实际农业产出年均增长率	4.2~4.3	7.1~7.6	3.7~3.8	3.1~3.2
农业劳动力年均增长率	-0.1	1.8	0.4	-2.0

	1978～2009 年	1978～1984 年	1985～2001 年	2002～2009 年
劳动生产率年均增长率	4.3～4.4	5.2～5.7	3.3～3.4	5.3
综合投入年均增长率	1.7～2.2	0.1～3.1	2.5～2.6	0.9～2.1
全要素生产率年均增长率	2.0～2.6	3.9～7.5	1.2～1.3	1.1～2.3

资料来源：赵文、程杰（2011），表2。数据区间以 Törnquist-Theil 指数和不变价指数表示。

近年来，大量文献运用基于线性规划的 Malmquist 生产率指数方法考察了改革开放以来我国农业全要素生产率的增长情况。曾先锋、李国平（2008）使用数据包络（DEA）方法计算出我国农业全要素生产率在 1980～2005 年平均年增长速度为 2.20%。李谷成（2009a）计算认为，1978～2005 年农业 TFP 经历了程度较为适中的增长，年平均总增长率为 2.80%。周端明（2009）计算出，1978～2005 年我国农业全要素生产率保持了快速和健康的增长，年均增长 3.30%。顾海和孟令杰（2002）计算出我国农业全要素生产率 1981～1995 年年均增长 2.97%。陈卫平（2006）计算出我国农业 TFP 在 1991～2003 年年均增长 2.59%。周志专（2014）计算出我国农业 TFP 在 1999～2012 年年均增长 4.00%。李谷成（2009b）在考虑人力资本要素和技术非效率的前提下，实证得出 1988～2006 年我国农业 TFP 年均增长 3.49%。但全炯振（2009）用 SFA－Malmquist 生产率指数模型（非参数 Malmquist 生产率指数和参数随机前沿函数模型相结合）则得出我国农业 TFP 增长速度非常缓慢，1978～2007 年年均增长率仅为 0.70%。杨俊、陈怡（2011）考虑了环境因素，计算出在 1999～2008 年我国农业生产率年均增长 1.80%。江激宇等（2005）计算出我国农业 TFP 在 1978～2002 年的年均增长率为 1.70%。李静和孟令杰（2006）计算出，1978～2004 年我国农业的 TFP 每年大约以 2.20% 的速度增长。赵蕾、王怀明（2007）计算出，1981～2003 年我国农业生产率的平均增长率为 3.70% （见表 2 - 2）。

表 2 - 2　　　　　改革开放以来我国农业全要素生产率的增长率

文　献	时间窗口	农业 TFP 平均增长率（%）
曾先锋、李国平（2008）	1980～2005 年	2.20
李谷成（2009a）	1978～2005 年	2.80
周端明（2009）	1978～2005 年	3.30
顾海和孟令杰（2002）	1981～1995 年	2.97
陈卫平（2006）	1991～2003 年	2.59
周志专（2014）	1999～2012 年	4.00
李谷成（2009b）	1988～2006 年	3.49
全炯振（2009）	1978～2007 年	0.70
杨俊、陈怡（2011）	1999～2008 年	1.80
江激宇等（2005）	1978～2002 年	1.70
李静和孟令杰（2006）	1978～2004 年	2.20
赵蕾、王怀明（2007）	1981～2003 年	3.70
王钰等（2010）	1992～2007 年	- 2.60

资料来源：作者基于文献进行的整理。

　　既有的研究关于我国农业 TFP 增长率的计算差别很大，除了考察的时间窗口各不相同，主要原因是研究者对投入和产出的具体匡算有所不同，特别是对投入要素的核算差异较大。由于 TFP 衡量的是产出中不能由投入要素来解释的那部分，对投入要素考虑得越全面，测算出的农业 TFP 及其增长率就越低。周端明（2009）和李谷成（2009a）都研究了 1978～2005 年的农业 TFP 增长率，虽然两者都以 1978 年不变价计价的农林牧渔业总产值来衡量农业产出，但周端明（2009）没有考虑灌溉这一投入要素，因此他关于我国 1978～2005 年的农业 TFP 增长率的测算高于李谷成（2009a）。王钰等（2010）考虑了自然环境、需求、农业科技水平、对外开放水平、工业化进程、要素投入水平、资源有效利用等因素的影响,他们计算出我国 1992~2007 年的农业全要素生产率平均增长率甚至低至了 -2.60%。

进一步考察我国农业 TFP 增长率的时间变化趋势,既有的研究结论就较为一致。研究发现,我国农业 TFP 的增长受农业政策和制度、要素价格等因素的影响,波动性较大。具体地说,改革初期(1978~1984 年),由于家庭联产承包责任制提高了农民的积极性,我国农业 TFP 开始高速增长。1985~1991 年,由于城市工业经济改革和价格双轨制,导致农村的资金和劳动力流向城市和非农就业部门,这一时期的农业 TFP 有所降低。1992 年以后,国家开始加强对农业基础设施等的投入,农业 TFP 又回升到较高的水平。1997 年后,由于受宏观经济波动等因素的影响,农业增长速度放慢,农业 TFP 又再次出现下降。直到 2000 年后,我国采取了一系列稳增长的措施,农业的 TFP 才又恢复增长(江激宇等,2005;李静、孟令杰,2006)。

表 2-3　　我国农业 TFP 平均增长率(Malmquist 指数方法)

时间窗口	全　国	东　部	中　部	西　部
1978~2002 年	1.017	1.037	1.004	1.011
1978~1984 年	1.033	1.057	1.012	1.031
1985~1991 年	0.990	1.008	0.967	0.995
1992~1996 年	1.028	1.039	1.035	1.009
1997~2002 年	1.026	1.051	1.014	1.012

资料来源:江激宇等(2005),表1。

为了研究 TFP 变化的影响因素,既有的研究将 Malmquist 生产率指数分解成两部分的乘积,第一部分是生产效率的变化,第二部分是技术的变化率。其中生产效率的变化还可以继续分解为两部分的乘积,一个是规模效率的变化,另一个是技术效率的变化。产出角度的 Malmquist 生产率指数就等于技术效率变化、规模效率变化与技术变化

的变化率三部分的乘积（江激宇等，2005；李静、孟令杰，2006），即

$$生产率变化 = 生产效率变化 \times 技术变化$$

$$= 生产效率变化 \times （技术效率变化 \times 规模效率变化）$$

由表 2-4 的列④可知，改革开放以来，技术进步是我国农业 TFP 增长的主要原因。Rozelle 等（2005）指出，在 1990 年以前我国农业 TFP 的增长在很大程度上取决于要素投入，包括化肥、农药、机械使用等，而 20 世纪 90 年代以后 TFP 增长的主要驱动力来自于技术进步，如肥料、杀虫剂和灌溉设施等的改进。

表 2-4　　我国农业 TFP 变化的因素分解（Malmquist 指数方法）

时间窗口	生产效率变化 ①	技术效率变化 ②	规模效率变化 ③	技术变化 ④ = ② * ③	生产率变化 ⑤ = ① * ④
1978 ~ 2002 年	0.986	0.993	0.993	1.032	1.017
1978 ~ 1984 年	1.002	1.001	1.001	1.031	1.033
1985 ~ 1991 年	0.987	0.986	1.002	1.003	0.990
1992 ~ 1996 年	0.997	1.001	0.996	1.031	1.028
1997 ~ 2002 年	0.960	0.987	0.974	1.069	1.026

资料来源：江激宇等（2005），表 1。

以育种技术和农业生物技术为例。刘春芳、王济民（2008）于 2007 年 11 月 ~ 2008 年 6 月对山东、广西、北京市的 265 户农户进行了调查。他们发现，粮食作物良种推广率达 93.8%，经济作物良种推广率达 99.7%。根据 Jin 等（2002）的研究，1982 ~ 1995 年，我国的三大粮食的品种替换率都很高，水稻年均品种替换率约为 25%，小麦维持在 20% 左右，玉米更是达到了近 30% 的替换率。也就是说，我国农民大约每 4 ~ 5 年完全更换一次品种。美国也只是大约 3 ~ 4 年更换一次品种，印度则需要 8 ~ 10 年才更换一次品种。

另一项保证我国农业 TFP 持续增长的因素是农业生物技术的推广

和应用。生物技术的广泛应用有效地提高了农畜产品的产量和抵御病虫害的能力，有力地保障了我国的粮食和畜产品的供给。我国的农业生物技术产业整体水平领先于发展中国家，某些领域已进入国际先进行列。以抗虫棉技术为例，目前，我国是世界上继美国之后，第二个拥有自主研制抗虫棉技术的国家。2008～2010 年，我国新培育 36 个抗虫棉品种，累计推广 1.67 亿亩，实现效益 160 亿元，市场占有率已达 93%，彻底打破了国外的垄断地位（蒋建科，2011）。

促进我国农业 TFP 增长的另一个重要因素是制度改革，制度对 TFP 的促进作用在改革开放初期尤为明显。Lin（1992）将改革初期的农业增长归功于家庭联产承包责任制。McMillan 等（1989）认为，1978 年后我国农业 TFP 的进步，3/4 可以用家庭联产承包责任制产生的激励来解释。

TFP 的另一个重要来源就是土地的规模经营，以及由此带来的投入要素的优化配置。李谷成等（2009）详细分析了 TFP 与土地要素投入的关系。胡初枝和黄贤金（2007）调查了江苏省铜山县 104 户农户，发现土地经营规模的扩大能优化生产要素配置、提高生产绩效。刘玉铭和刘伟（2007）用黑龙江省 13 个地区 1991～2004 年的面板数据，发现农户经营面积扩大提高了农业全要素生产率，这说明农业生产存在规模效益。朱喜等（2011）运用 2003～2007 年我国各地区农村固定跟踪观察农户数据进行实证检验，发现如果有效消除资本和劳动配置的扭曲，我国农业 TFP 有望再增长 20% 以上。

二、我国粮食生产全要素生产率分析

——基于 1978～2014 年全国农产品成本收益调查的时间序列数据

我们利用历年《全国农产品成本收益资料汇编》等数据，运用 Törnquist-Theil 指数方法来测算 1978～2014 年我国三种粮食稻谷、小麦和玉米生产的全要素生产率。这里我们基于两点考虑：第一，Törnquist 指数方法中，各类产出品和投入品的权数随着价格的变化而不断调整，可以最小化由价格权数随着时间推移变化所引起的偏差，而且这种偏差不会随时间推移而扩大；第二，农产品成本收益资料是通过典型调查获得的一手数据，能够较好地反映农业生产投入和产出的实际情况。

计算产出的 Törnquist-Theil 指数的公式如下：

$$LnQI_t = \sum_i 1/2 * (S_{i,t} + S_{i,t-1}) * Ln(Y_{i,t}/Y_{i,t-1}) \qquad (2-1)$$

式（2-1）中，$LnQI_t$ 是 t 期的总产出指数，$S_{i,t}$ 和 $S_{i,t-1}$ 是 i 产品在 t 期和 $t-1$ 期的产值占总产值的比重。$Y_{i,t}$ 和 $Y_{i,t-1}$ 是产品 i 在 t 期和 $t-1$ 期的数量。计算投入指数的公式与此类似，产出指数减去投入指数，就是全要素生产率指数。公式如下：

$$LnTFP_t = \sum_i 1/2 * (S_{i,t} + S_{i,t-1}) * Ln(Y_{i,t}/Y_{i,t-1})$$

$$- \sum_j 1/2 * (W_{j,t} + W_{j,t-1}) * Ln(X_{j,t}/X_{j,t-1}) \qquad (2-2)$$

式（2-2）中，$LnTFP_t$ 是对数形式的全要素生产率指数；$S_{i,t}$ 和 $S_{i,t-1}$ 是 i 产品在 t 期和 $t-1$ 期的产值占总产值的比重；$Y_{i,t}$ 和 $Y_{i,t-1}$ 是产品 i 在 t 期和 $t-1$ 期的数量；$W_{j,t}$ 和 $W_{j,t-1}$ 是 j 投入品在 t 期和 $t-1$ 期的产值占总产值的比重；$X_{j,t}$ 和 $X_{j,t-1}$ 是 j 投入品在 t 期和 $t-1$ 期的数量。

需要指出的是，Törnquist-Theil 指数仍然以生产函数为基础，它虽然避免了具体生产函数设定上的某些局限性和参数估计过程中的问题，但仍然摆脱不了新古典增长理论的假定前提，如完全竞争、利润最大化和规模报酬不变。

利用 Törnquist-Theil 指数计算的产出指数，使用的是三种粮食的产量和价格数据；投入指数使用的是土地、劳动、机械动力、化肥、农药、饲料、种子的价格和数量数据。

表 2 - 5　　　　1979 ~ 2014 年我国三种粮食生产 TFP 指数

时间窗口	产出指数	投入指数	全要素生产率
1979 ~ 2014 年	0.052	0.024	0.028
1979 ~ 1989 年	0.058	0.026	0.032
1990 ~ 1999 年	0.058	0.036	0.022
2000 ~ 2014 年	0.041	0.015	0.026

经计算，1979 ~ 2014 年我国三种粮食生产的全要素生产率年均增速为 2.8%。分阶段看，20 世纪 80 年代的 TFP 增长率为 3.2%，90 年代的 TFP 增长率为 2.2%，21 世纪以来的 TFP 增长率为 2.6%。TFP 增长率呈现出"两头高、中间低"的特点。

TFP 增长率变化的原因在于农业政策和农业改革的变化。改革开放初期，粮食生产的 TFP 增长率较高，这是因为家庭联产承包责任制的推广和农产品的政策性提价。党的十一届三中全会后，农产品收购政府牌价提高，根据历年农产品生产价格指数计算，1984 年的农产品生产价格指数比 1978 年高了 53.7%，大大调动了农民的生产积极性。

20 世纪 80 年代后期，整个国民经济出现了较为严重的抑制通货膨胀。为稳定物价，政府开始对主要农产品市场价格设置上限。但另一方面，城市和工业的市场化改革启动后，工业品被允许以市场价格出售，使得农业投入品价格大幅度上涨。农业成本上升，但农产品价格受到控制，农民生产积极性受到影响。此外，乡镇企业的蓬勃发展吸纳了大量农村青壮年劳动力。1984～1988年，乡镇企业数雇用劳动力占农村劳动力比重从14.5%增长到23.8%（Lin，2001），农村工业化进程显著加速，这也影响了农业生产。

1992年，党的十四大提出建立社会主义市场经济体制的目标。此后，农产品价格体制改革不断深化，农产品统销制度彻底退出了历史舞台，农业迎来了又一个发展高潮。然而，1994年分税制改革以后，地方财权上收，农业税属于地方税种，和其他摊派、收费一起构成了地方政府的重要收入来源。在农业税、"三提五统"和各种集资摊派的压力之下，农民负担非常沉重，"农民真苦，农村真穷，农业真危险"反映了当时农村的艰难面貌。

"三农"问题引起了中央政府的高度重视。2000年年初，中央政府在局部地区进行试点的基础上全面推行农村税费改革，2005年12月29日全国人大通过决议，从2006年1月1日起全面废止《农业税条例》，极大地调动了农民的生产积极性。这一阶段，我国的农业生产取得了巨大成就。

基于宏观统计数据计算出的TFP增长率的变化情况，虽然能够从一定角度反映我国三大粮食生产效率的变迁，但仍存在一些不足。需要指出的是，农业劳动投入的统计存在很大误差，很大比例上的农户并非只从事农业经营，尤其是随着外出务工农民的增多，兼业现象日益普遍，宏观统计数据中的农业劳动力人数显然无法准确反映农业劳动投入。

更重要的问题在于，宏观数据是加总到全国层面的数据，我们无法深入分析不同地区、不同经营规模的农业生产效率的差别。随着农业向规模化方向发展，种粮大户、家庭农场等新型经营主体不断出现，规模扩张是否带来了效率提升？是否存在农业生产的最优规模？适度规模化的最优区间是什么？这些问题都是宏观数据无法回答的。我们需要利用微观调查数据，深入分析农户的生产经营状况和农业生产的成本收益情况，探讨农户经营规模与农业生产效率之间的关系，提出相应的政策建议，促进农业的提质增效。

第三章

我国农户农作物种植情况的问卷调查分析

——基于 3123 个粮食种植户的调查数据

课题组获得了一份针对种粮农户的全国范围的实地调查数据，数据涉及 28 个省（区、市）的农户在 2011~2013 年的粮食生产经营情况。课题组利用这一调查数据，对农户家庭经营的基本情况、粮食生产和水稻、小麦、玉米三大主粮的种植成本收益情况进行统计分析，全面分析了当前我国粮食生产中的土地规模经营状况。

一、样本农户的基本经营情况

综合考虑自然条件和经济发展水平，本课题分东部地区、中部地区、西部地区和东北地区①这四个区域来分析当前粮食生产经营的状况。东部地区包括北京市、天津市、河北省、山东省、江苏省、上海

---

① 根据国家统计局 2011 年 6 月 13 号的划分办法，为科学反映我国不同区域的社会经济发展状况，为党中央、国务院制定区域发展政策提供依据，根据《中共中央、国务院关于促进中部地区崛起的若干意见》《国务院发布关于西部大开发若干政策措施的实施意见》以及党的十六大报告的精神，将我国的经济区域划分为东部、中部、东北和西部四大地区。

市、浙江省、福建省、广东省、海南省；中部地区包括山西省、河南省、湖北省、湖南省、江西省、安徽省；东北地区包括黑龙江省、吉林省、辽宁省；西部地区包括重庆市、四川省、广西壮族自治区、贵州省、云南省、陕西省、甘肃省、内蒙古自治区、宁夏回族自治区、新疆维吾尔自治区、青海省、西藏自治区。样本中，东部地区有515户，占比16.5%；中部地区有1541户，占比49.3%；西部地区有805户①，占比25.8%；东北地区有262户，占比8.4%。

（一）样本农户的个人和家庭基本情况

样本中，有307户户主是村干部，2814户户主不是村干部，2户未填答。为了处理这2例缺失值，课题组以"户主是否是村干部"为被解释变量，以户主的年龄、性别、受教育年数、家庭人口数和家庭收入做解释变量，并控制了地区哑变量，进行probit回归，回归结果如表3-1所示。

表 3-1　　　　　　　　"户主是否为村干部"的 Probit 回归分析

个人特征	系　数	标准差
男　性	0.139	0.108
年　龄	0.008 **	0.003
受教育年数	0.148 ***	0.012
家庭人口数	0.001	0.022
家庭总收入	0.000 ***	0.000
中部地区	− 0.081	0.093
西部地区	0.113	0.101
东北地区	− 0.180	0.153

---

① 其中，西北地区农户有273户，西南地区农户有532户。

个人特征	系　数	标准差
常数项	－ 2.960 ***	0.251
样本量	3117	
拟 R2	0.1090	

注：＊、＊＊、＊＊＊分别表示在 10%、5%、1% 的水平上显著。

回归结果表明，户主的年龄越大、受教育程度越高、家庭总收入越多，成为村干部的可能性就越大；户主的性别、家庭人口数和地区特征的影响不显著。

根据这一回归方程，我们运用未回答"户主是否是村干部"的 2 例样本的户主年龄、受教育程度、家庭总收入的个人特征，计算出这 2 例样本"户主是否村干部"的概率。1 例样本是 49 岁、受教育年数为 4 年、家庭总收入 550 万元。经计算，其成为村干部的概率为 0.9992，因此，我们将这例样本"户主是否是村干部"这一问题的回答补充为"是"。另一例样本是 34 岁、受教育年数为 3 年、家庭总收入 24 万元，经计算，其成为村干部的概率为 0.0196，因此，我们将这例样本"户主是否村干部"这一问题的回答补充为"否"。经过这一数据处理过程，3123 户受访农户中，有 308 户户主是村干部，有 2815 户户主不是村干部，村干部的占比为 9.86%。

表 3-2 给出了受访农户的个人基本情况。85% 的受访农户是男性，平均年龄为 50.68 岁，受教育程度 6.52 年（相当于小学毕业），劳动力年龄偏大，受教育程度不高。家庭总人口平均数为 4.24 人，劳动力平均数为 2.73 人，外出务工人数为 0.94 人。年龄的中位数是 50 岁，受教育年数的中位数是 6 年，家庭人口的中位数是 4 人，家庭劳动力的中位数 2 人，外出劳动力的中位数是 1 人。

表 3 - 2　　　　　　　　农户个人基本情况

变　　量	样本量	中位数	均值	标准差	最小值	最大值
是否男性（1 = 是）	3123	1	0.85	0.36	0	1
年龄（岁）	3123	50	50.68	11.07	18	94
是否村干部（1 = 是）	3123	0	0.10	0.30	0	1
受教育年数（年）	3119	6	6.52	3.38	0	18
家庭总人口（人）	3123	4	4.24	1.52	1	13
家庭劳动力（人）	3123	2	2.73	1.34	0	10
外出务工人数（人）	3122	1	0.94	1.08	0	13

表 3 - 3 进一步给出了不同地区农户个人情况的均值。数据表明，中部地区的农户年龄最大（51.49 岁），其次是东部地区（51.07 岁），再次是西部地区（49.86 岁），最小的是东北地区（47.76 岁）。这里的一个重要原因是中部、西部地区的劳动力往东部地区外出务工。数据表明，中部地区的外部务工劳动力占家庭劳动力的比重最高（36.49%），其次是西部地区（35.11%），再次是东部地区（34.39%），最后是东北地区（17.77%）。

表 3 - 3　　　　　　　　各地区农户个人基本情况

变　　量	整　体	东部地区	中部地区	西部地区	东北地区
是否男性（1 = 是）	0.85	0.89	0.83	0.87	0.86
年龄（岁）	50.68	51.07	51.49	49.86	47.76
是否村干部（1 = 是）	0.10	0.11	0.09	0.11	0.07
受教育年数（年）	6.52	6.45	6.71	6.22	6.17
家庭总人口（人）	4.24	4.44	4.27	4.27	3.79
家庭劳动力（人）	2.73	2.90	2.80	2.59	2.52
外出务工人数（人）	0.94	1.00	1.02	0.91	0.45
在家劳动力人数（人）	1.80	1.90	1.78	1.68	2.07
外出务工比重（%）	34.44	34.39	36.49	35.11	17.77

（二）样本农户的耕地种植情况：复种指数

根据问卷中的自家承包地面积、流出耕地面积、流入耕地面积，课题组可以计算出农户经营耕地面积①。再根据农作物播种面积数据，课题组计算出复种指数②。表3-4给出了受访农户耕地面积的基本情况，包括自家承包地面积、流出耕地面积、流入耕地面积、农户经营耕地面积、农作物播种面积和复种指数。

表3-4　　　　　　　　　　农户经营耕地面积情况1

变量名		样本量	均值	标准差	最小值	最大值
自家承包耕地面积（亩）	Landown	3123	18.54	113.30	0	4276
流出面积（亩）	Landout	3123	1.21	13.33	0	500
流入面积（亩）	Landin	3123	6.55	47.12	0	2000
经营耕地面积（亩）	Landjy	3123	23.88	141.60	-38	4276
农作物播种面积（亩）	Landzw	3123	26.09	191.20	0	7000
复种指数	Fzindex	3068	1.54	3.04	-18	152

经过检查，我们删除了经营耕地面积为零和负数的样本（为负数的样本有16例，为0的样本有55例），又进一步删除了农作物播种面积为0的样本（2例）。3045户样本的统计性描述如表3-5所示。

表3-5　　　　　　　　　　农户经营耕地面积情况2

变量名		样本量	均值	标准差	最小值	最大值
自家承包耕地面积（亩）	Landown	3050	18.93	114.70	0	4276
流出面积（亩）	Landout	3050	1.16	13.41	0	500
流入面积（亩）	Landin	3050	6.70	47.67	0	2000
经营耕地面积（亩）	Landjy	3050	24.47	143.20	1	4276
农作物播种面积（亩）	Landzw	3050	28.91	193.80	1	7000
复种指数	Fzindex	3050	1.57	3.01	0.03	152

---

① 经营耕地面积＝自家承包地面积－流出耕地面积＋流入耕地面积。

② 复种指数＝农作物播种面积/经营耕地面积。

数据显示，调查样本的农作物复种指数的均值为1.57。

我们删除了复种指数为152的1例异常值，并进一步删去了复种指数大于10的样本（有10例[①]）。剩下的3039户样本的统计性描述如表3-6所示。数据表明，平均而言，农户自家承包耕地面积为18.99亩，流出耕地面积为1.16亩，流入耕地面积为6.73亩，经营耕地面积为24.55亩，农作物播种面积为28.76亩，平均复种指数为1.48。

表3-6　　　　　　　　　　农户经营耕地面积情况3

变量名		样本量	均值	标准差	最小值	最大值
自家承包耕地面积	Landown	3039	18.99	114.90	0	4276
流出面积	Landout	3039	1.16	13.43	0	500
流入面积	Landin	3039	6.73	47.75	0	2000
经营耕地面积	Landjy	3039	24.55	143.40	1	4276
农作物播种面积	Landzw	3039	28.76	194.10	1	7000
复种指数	Fzindex	3039	1.48	0.85	0.03	10

由于复种指数受作物品种、地理位置的影响，我们分区域进行上述的统计性描述，如表3-7所示。

表3-7　　　　　　　　各地区农户经营耕地面积情况

	变量名	样本量	均　值	标准差	最小值	最大值
东部地区	自家承包耕地面积（亩）	479	24.90	198.70	0	4276
	流出面积（亩）	479	1.53	6.40	0	80
	流入面积（亩）	479	5.06	14.25	0	150
	经营耕地面积（亩）	479	28.43	199.80	1	4276
	农作物播种面积（亩）	479	40.33	323.70	1	7000
	复种指数	479	1.50	0.72	0.03	8

[①]　其中，这10例的复种指数均大于10且小于20。

续表

	变量名	样本量	均　值	标准差	最小值	最大值
中部地区	自家承包耕地面积（亩）	1516	17.37	113.80	0	3032
	流出面积（亩）	1516	1.00	15.58	0	500
	流入面积（亩）	1516	6.95	62.58	0	2000
	经营耕地面积（亩）	1516	23.32	162.00	1	4166
	农作物播种面积（亩）	1516	30.57	203.80	1	5600
	复种指数	1516	1.53	0.73	0.10	7.60
西部地区	自家承包耕地面积（亩）	785	8.06	14.05	0	312
	流出面积（亩）	785	0.33	1.56	0	20
	流入面积（亩）	785	1.36	11.13	0	300
	经营耕地面积（亩）	785	9.09	23.70	1	612
	农作物播种面积（亩）	785	9.67	9.63	1	95
	复种指数	785	1.52	1.15	0.03	10
东北地区	自家承包耕地面积（亩）	259	50.63	63.49	1	669
	流出面积（亩）	259	3.95	24.60	0	332
	流入面积（亩）	259	24.78	51.76	0	332
	经营耕地面积（亩）	259	71.46	97.58	1	669
	农作物播种面积（亩）	259	54.65	56.24	2	350
	复种指数	259	0.95	0.29	0.22	2.25

数据表明，自家承包耕地面积东北地区最大（50.63亩），其次是东部地区（24.90亩），再次是中部地区（17.37亩），最后是西部地区（8.06亩）。流入的耕地面积东北地区最大（24.78亩），其次是中部地区（6.95亩），再次是东部地区（5.06亩），最后是西部地区（1.36亩）。流出的耕地面积东北地区最大（3.95亩），其次是东部地区（1.53亩），再次是中部地区（1.00亩），最后是西部地区（0.33亩）。经营耕地面积东北地区最大（71.46亩），其次是东部地区（28.43亩），再次是中部地区（23.32亩），最后是西部地区（9.09亩）。农作物播种面积东北地区最大（54.65亩），其次是东部地区

（40.33 亩），再次是中部地区（30.57 亩），最后是西部地区（9.67
亩）。复种指数中部地区最高（1.53），其次是西部地区（1.52），再
次是东部地区（1.50），最后是东北地区（0.95）。

（三）样本农户的耕地流转情况：土地流转率

随着中央一号文件关于农村家庭农场等一系列政策的推出，土地
流转日益活跃。前瞻产业研究院发布的《2015 ～ 2020 年中国金融行业
创新趋势与企业发展战略分析报告》指出：截至 2014 年年底，全国家
庭承包耕地流转面积达到 4.03 亿亩，比 2013 年底增长 18.3%；流转
面积占家庭承包经营耕地面积的 30.4%，比 2013 年提高 4.7 个百分点
（见图 3 - 1）。流转出承包耕地的农户达 5833 万户，占家庭承包农户
数的 25.3%，比 2013 年上升 2.4 个百分点。

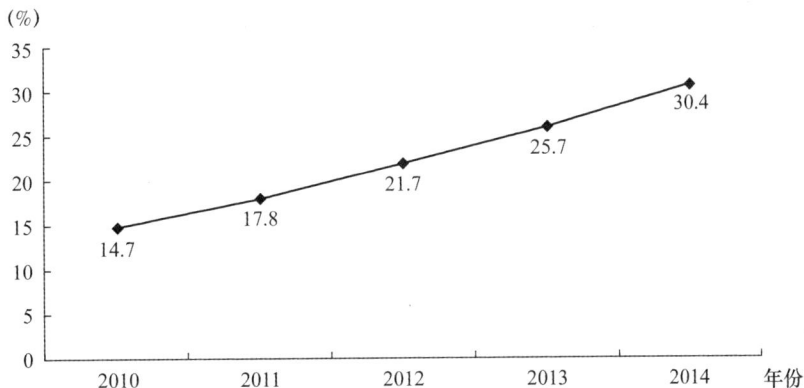

图 3 - 1　2010 ～ 2014 年我国土地流转面积占经营耕地面积比例

资料来源：《2010 ～ 2014 年我国土地流转面积占经营耕地面积比例》，http://mt.sohu.com/
20151228/n432758647.shtml。

有 8 个省市家庭承包耕地流转比重超过 35%，分别是上海
71.5%、江苏 58.4%、北京 52.0%、黑龙江 50.3%、浙江 48.0%、安
徽 41.0%、重庆 39.7%、河南 37.1%（见图 3 - 2）。

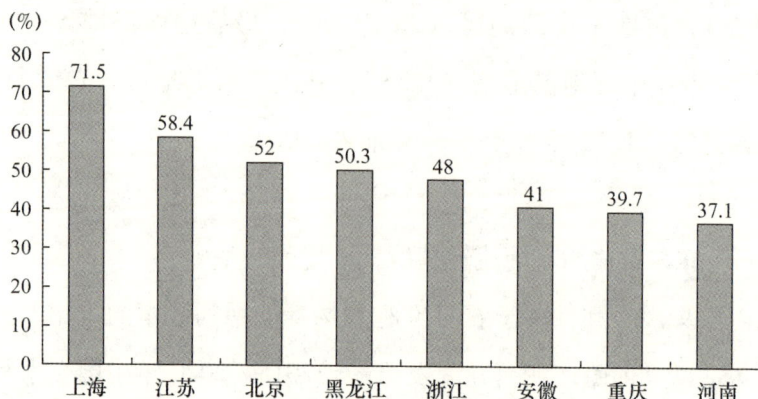

图3-2 我国部分地区家庭承包耕地流转比重情况

资料来源：《2010～2014年我国土地流转面积占经营耕地面积比例》，http://mt.sohu.com/20151228/n432758647.shtml。

课题组计算了流出土地面积占经营耕地面积的比重、流入土地面积占经营耕地面积的比重、流出土地面积占自有耕地面积的比重、流入土地面积占自有耕地面积的比重，衡量土地流转活跃程度（表3-8）。数据表明，流出土地占经营耕地面积的比重平均为8%，流入土地占经营耕地面积的比重平均为11%；流出土地占自有耕地面积的比重平均为5%，流入土地占自有耕地面积的比重平均为4%。

表3-8 农户耕地流转情况

变量名	样本量	均 值	标准差	最小值	最大值
流出面积/经营耕地面积	3039	0.08	0.62	0	27.00
流入面积/经营耕地面积	3039	0.11	0.26	0	7.83
流出面积/自有耕地面积	3034	0.05	0.20	0	7.83
流入面积/自有耕地面积	3034	0.34	4.81	0	260.00

为衡量不同地区的土地流转活跃程度，课题组计算了流出土地面积占经营耕地面积的比重和流入土地面积占经营耕地面积的比重，以及流出土地面积占自有耕地面积的比重和流入土地面积占自有耕地面积的比重（表3-9）。数据表明，流出土地面积占经营耕地面积的比

重东部地区最高（16%），其次是东北地区（9%），再次是西部地区（7%），最后是中部地区（6%）。流入土地面积占经营耕地面积的比重东北地区最高（20%），其次是东部地区（18%），再次是西部地区（9%），最后是中部地区（8%）。

表3-9　　　　　　　　　　各地区农户耕地流转情况

	变量名	样本量	均　值	标准差	最小值	最大值
东部地区	流出面积／经营耕地面积	479	0.16	0.54	0	6
	流入面积／经营耕地面积	479	0.18	0.25	0	1
	流出面积／自有耕地面积	476	0.09	0.20	0	1
	流入面积／自有耕地面积	476	0.38	1.04	0	16
中部地区	流出面积／经营耕地面积	1516	0.06	0.74	0	27
	流入面积／经营耕地面积	1516	0.08	0.20	0	1.50
	流出面积／自有耕地面积	1515	0.03	0.13	0	1
	流入面积／自有耕地面积	1515	0.34	6.74	0	260
西部地区	流出面积／经营耕地面积	785	0.07	0.35	0	6
	流入面积／经营耕地面积	785	0.09	0.20	0	1
	流出面积／自有耕地面积	784	0.04	0.15	0	1
	流入面积／自有耕地面积	784	0.19	0.80	0	15
东北地区	流出面积／经营耕地面积	259	0.095	0.60	0	7.83
	流入面积／经营耕地面积	259	0.20	0.53	0	7.83
	流出面积／自有耕地面积	259	0.07	0.50	0	7.83
	流入面积／自有耕地面积	259	0.42	1.03	0	11.25

流出土地面积占自有耕地面积的比重东部地区最高（9%），其次是东北地区（7%），再次是西部地区（4%），最后是中部地区（3%）。流入土地面积占自有耕地面积的比重东北地区最高（42%），其次是中部地区（39%），再次是东部地区（38%），最后是西部地区（19%）。

二、样本农户的农作物种植基本经营情况

（一）样本农户的种植业收入情况

课题组根据种植业收入和种植业净利润数据计算出种植业成本，并进一步计算出种植业成本利润率，农户的家庭收入情况和种植业成本收益情况的统计性描述如表3－10所示。

表3－10 农户家庭收入和种植业经营情况

变量名		样本量	均值	标准差	最小值	最大值
家庭总收入（元）	inc	3039	53977	212382	0	8.400e+06
家庭纯收入（元）	netinc	3039	30251	69324	−120212	2.100e+06
种植业收入（元）	inczz	3038	29299	201379	0	8.400e+06
种植业净利润（元）	profzz	3037	12593	61866	−57150	2.100e+06
种植业成本（元）	costzz	3036	16715	160935	−62100	6.300e+06
种植业成本利润率	revratezz	3015	1.472	1.593	−1.185	53.52

经检查，我们发现有55例样本的种植业净利润为负，经营亏损的农户占样本总数的1.78%；4例样本的种植业净利润为0，经营无盈利的农户占样本总数的0.29%；两者合计，经营不善的农户占样本总数的2.07%。表3－11列出了经营不善的农户与经营正常的农户的耕地经营面积和土地流转情况。数据表明，经营不善的农户，其自有耕地面积、流出面积、流入面积、经营耕地面积、土地流转率均显著高于经营正常的农户[①]。这似乎表明，规模经营存在更大的经营风险。但需要指出的是，经营规模更大的农户，需要更多的流转土地和更多

---

① T检验的结果表明了这一点。以经营耕地面积为例，经营不善的样本与经营正常的样本相比，其经营耕地面积的均值存在显著性差异的T值为1.7791。在5%的显著性水平上，可以认为经营不善的农户的经营耕地面积显著大于经营正常的农户的经营耕地面积。

的雇佣劳动，其付出的土地流转成本和人工成本更高。与之相比，小农经营自有耕地的土地承包租金和自身的劳动成本并没有得到体现，使得其账面上看是盈利的。我们需要更全面深入地分析土地流转、经营规模与农户经营状况的关系。

表 3 - 11　　　　　　农户经营状况与经营面积的关系

变量名		样本量	均　值	标准差	最小值	最大值
经营不善的样本	自家承包耕地面积（亩）	59	37.36	41.48	1	164
	流出面积（亩）	59	3.80	8.00	0	40
	流入面积（亩）	59	23.88	47.09	0	200
	经营耕地面积（亩）	59	57.44	82.18	2	334
	流出面积/经营耕地面积	59	0.15	0.22	0	1
	流入面积/经营耕地面积	59	0.29	0.28	0	1
	流出面积/自有耕地面积	59	0.17	0.25	0	1
	流入面积/自有耕地面积	59	0.56	1.02	0	7
经营正常的样本	自家承包耕地面积（亩）	2980	18.62	115.80	0	4276
	流出面积（亩）	2980	1.11	13.51	0	500
	流入面积（亩）	2980	6.39	47.71	0	2000
	经营耕地面积（亩）	2980	23.90	144.30	1	4276
	流出面积/经营耕地面积	2980	0.08	0.62	0	27
	流入面积/经营耕地面积	2980	0.10	0.26	0	7.83
	流出面积/自有耕地面积	2975	0.04	0.20	0	7.83
	流入面积/自有耕地面积	2975	0.33	4.85	0	260

同样地，课题组分地区考察了农户收入与种植业的经营情况，如表 3 - 12 所示。

数据表明，东部地区的家庭总收入最高（84120 元），其次是东北地区（66754 元），再次是中部地区（54004 元），最后是西部地区（31316 元）。东部地区的家庭纯收入最高（47650 元），其次是东北地区（31406 元），再次是中部地区（29917 元），最后是西部地区

表 3 – 12　　　　　各地区农户家庭收入和种植业经营情况

	变量名	样本量	均　值	标准差	最小值	最大值
东部地区	家庭总收入（元）	479	84120	395823	0	8.400e + 06
	家庭纯收入（元）	479	47650	107659	– 69260	2.100e + 06
	种植业收入（元）	479	49627	390634	0	8.400e + 06
	种植业净利润（元）	479	20564	99855	– 14538	2.100e + 06
	种植业成本（元）	479	29063	293903	– 62100	6.300e + 06
	种植业成本利润率	472	1.55	1.25	– 1.19	15.76
中部地区	家庭总收入（元）	1516	54004	194562	0	5.500e + 06
	家庭纯收入（元）	1516	29917	73128	– 120212	1.400e + 06
	种植业收入（元）	1515	29773	178891	0	5.500e + 06
	种植业净利润（元）	1515	12179	65539	– 57150	1.400e + 06
	种植业成本（元）	1514	17628	155186	0	5.462e + 06
	种植业成本利润率	1502	1.34	0.95	– 0.87	13.81
西部地区	家庭总收入（元）	785	31316	59216	1573	1.014e + 06
	家庭纯收入（元）	785	19898	25711	– 585	378640
	种植业收入（元）	785	10205	20955	500	400000
	种植业净利润（元）	785	6222	12721	– 5344	192600
	种植业成本（元）	785	3983	14689	80	400000
	种植业成本利润率	785	1.71	2.56	– 0.65	53.52
东北地区	家庭总收入（元）	259	66754	67108	0	509070
	家庭纯收入（元）	259	31406	28562	– 27213	196030
	种植业收入（元）	259	46803	57782	0	472320
	种植业净利润（元）	258	19610	24033	– 50153	159280
	种植业成本（元）	258	27177	43261	0	313040
	种植业成本利润率	256	1.37	1.17	– 0.99	11.54

（19898 元）。东部地区的家庭种植业收入最高（49627 元），其次是东北地区（46803 元），再次是中部地区（29773 元），最后是西部地区（10205 元）。东部地区的家庭种植业利润最高（20564 元），其次是东北地区（19610 元），再次是中部地区（12179 元），最后是西部地区

（6222 元）。东部地区的家庭种植业成本最高（29063 元），其次是东北地区（27177 元），再次是中部地区（17628 元），最后是西部地区（3983 元）。

为了使各地区的种植业成本收益比较更直观，我们以东部地区的指标为基准，计算其他地区的指标与它的比值，结果见表 3 - 13。

表 3 - 13 　　　　　　　　各地区农户相对经营情况

变　量	整　体	东部地区	中部地区	西部地区	东北地区
家庭总收入	0.64	1.00	0.64	0.37	0.79
家庭纯收入	0.63	1.00	0.63	0.42	0.66
种植业收入	0.59	1.00	0.60	0.21	0.94
种植业净利润	0.61	1.00	0.59	0.30	0.95
种植业成本	0.58	1.00	0.61	0.14	0.94

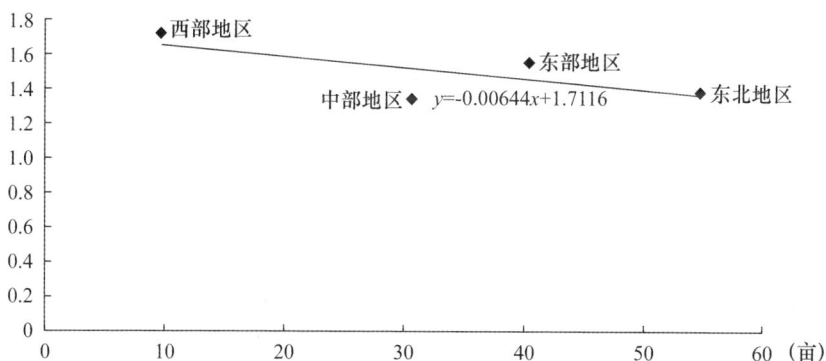

图 3 - 3 　农作物播种面积与种植业成本利润率呈负相关

但是，家庭的种植业成本利润率就不再是东部大于东北大于中部大于西部的模式了。数据表明，西部地区的家庭种植业成本利润率最高（1.712），其次是东部地区（1.550），再次是东北地区（1.374），最后是中部地区（1.339）。而表 3 - 7 表明，农作物播种面积东北地区最大（54.65 亩），其次是东部地区（40.33 亩），再次是中部地区（30.57 亩），最后是西部地区（9.67 亩）。图 3 - 3 展示了农作物播种面积与种植业成本利润率的关系，随着农作物播种面积的增加，农户种植业成本利润率在减少。

探究其原因，除了不同的经营规模下，农户的经营绩效不同之外，同样也有农户自有耕地的土地承包租金和自身的劳动成本没有得到体现的原因。表3-9表明，东部和东北地区的土地流转率更高，东北地区的耕地面积更大，其土地流转的成本更高，成本利润率也就更低。

由于农户自有耕地的土地承包租金和自身的劳动成本没有得到体现，使得课题组计算出来的成本利润率均值高达147.2%（表3-10）。因此，这一指标只具有相对比较的含义。

（二）样本农户的种植业亩均成本收益分析

我们删去了种植业成本为负的样本（有1例），删去了种植业成本为0的样本（有21例）后，计算了样本农户的种植业经营情况，如表3-14所示。

表3-14　　　　　　　　农户种植业亩均成本收益情况　　　　　　　单位：元

变量名	样本量	均　值	标准差	最小值	最大值
种植业收入	3016	29283	202070	500	8.400e+06
种植业净利润	3015	12434	61922	-57150	2.100e+06
种植业成本	3014	16858	161509	80	6.300e+06
种植业亩均收入	3016	1034	685.50	9.75	10000
种植业亩均净利润	3015	579.90	556.40	-796.10	7878
种植业亩均成本	3014	454.00	309.10	26.67	9500

数据表明，样本农户从事种植业的亩均收入为1034元，亩均净利润为579.9元，亩均成本为454元。表3-15中各地区的结果表明，东部地区种植业亩均收入最高（1319元），其次是西部地区（990.2元），再次是中部地区（987.7元），最后是东北地区（913.6元）。东

部地区种植业亩均净利润最高（762.8元），其次是西部地区（605.6元），再次是中部地区（528.2元），最后是东北地区（468.8元）。东部地区种植业亩均成本最高（556.1元），其次是中部地区（459.8元），再次是东北地区（444.3元），最后是西部地区（384.6元）。

表 3 – 15　　　　各地区农户种植业亩均成本收益情况　　　　　单位：元

	变量名	样本量	均　值	标准差	最小值	最大值
东部地区	种植业亩均收入	471	1319	988.7	48.77	10000
	种植业亩均净利润	471	762.80	757.40	− 484.60	7878
	种植业亩均成本	471	556.10	503.40	100	9500
中部地区	种植业亩均收入	1503	987.70	560.00	51.92	8750
	种植业亩均净利润	1503	528.20	452.70	− 751.90	7500
	种植业亩均成本	1502	459.80	263.50	45.92	2500
西部地区	种植业亩均收入	785	990.20	682.50	58.52	7745
	种植业亩均净利润	785	605.60	605.30	− 541	7529
	种植业亩均成本	785	384.60	211.90	26.67	4211
东北地区	种植业亩均收入	257	913.60	539.80	9.75	4866
	种植业亩均净利润	256	468.80	419.80	− 796.10	2967
	种植业亩均成本	256	444.30	284.00	86.67	1899

类似地，为了使各地区的亩均种植业成本收益比较更直观，我们以东部地区为基准，计算其他地区的指标与它的比值，结果如表3 – 16所示。

表 3 – 16　　　　　　　各地区农户相对经营情况

变量	整　体	东部地区	中部地区	西部地区	东北地区
种植业亩均收入	0.78	1	0.75	0.75	0.69
种植业亩均净利润	0.76	1	0.69	0.79	0.61
种植业亩均成本	0.82	1	0.83	0.69	0.80

图 3 – 4 展示了农作物播种面积与种植业亩均利润的关系，随着农作物播种面积的增加，农户种植业亩均利润在减少。

（元）

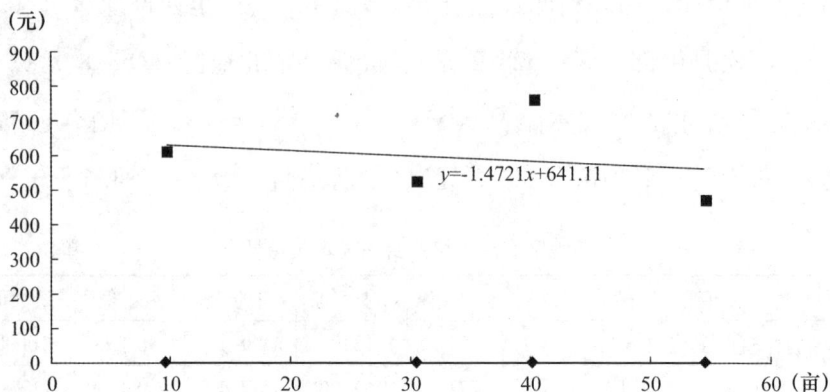

图3－4　农作物播种面积与种植业亩均利润呈负相关

（三）样本农户的种植结构

课题组考察了样本农户的种植结构（表3－17）。数据表明，样本农户的粮食种植面积平均为25.21亩，水稻种植面积平均为4.84亩，小麦种植面积平均为8.13亩，玉米种植面积平均为10.70亩。

表3－17　　　　　　　各地区农户的粮食种植面积　　　　　　　单位：亩

	变量名	样本量	均　值	标准差	最小值	最大值
样本总体	粮食种植面积	3017	25.21	185.30	0	7000
	水稻种植面积	3017	4.84	24.86	0	760
	小麦种植面积	3017	8.13	91.81	0	3500
	玉米种植面积	3017	10.70	92.65	0	3500
东部地区	粮食种植面积	471	36.91	326.40	0	7000
	水稻种植面积	471	6.93	38.67	0	760
	小麦种植面积	471	15.59	162.20	0	3500
	玉米种植面积	471	13.95	162.10	0	3500
中部地区	粮食种植面积	1504	26.19	186.2	0	5600
	水稻种植面积	1504	5.08	24.32	0	500
	小麦种植面积	1504	10.39	92.88	0	2800
	玉米种植面积	1504	10.00	92.43	0	2800

续表

	变量名	样本量	均　值	标准差	最小值	最大值
西部地区	粮食种植面积	785	7.27	7.54	0	95
	水稻种植面积	785	1.51	2.81	0	41
	小麦种植面积	785	1.98	4.36	0	70
	玉米种植面积	785	2.31	3.18	0	30
东北地区	粮食种植面积	257	52.88	55.19	2	350
	水稻种植面积	257	9.77	31.24	0	350
	小麦种植面积	257	0	0	0	0
	玉米种植面积	257	34.49	43.81	0	315

表 3-17 进一步表明，在东部地区，样本农户的粮食种植面积平均为 36.91 亩，水稻种植面积平均为 6.93 亩，小麦种植面积平均为 15.59 亩，玉米种植面积平均为 13.95 亩。在中部地区，样本农户的粮食种植面积平均为 26.19 亩，水稻种植面积平均为 5.08 亩，小麦种植面积平均为 10.39 亩，玉米种植面积平均为 10.00 亩。在西部地区，样本农户的粮食种植面积平均为 7.27 亩，水稻种植面积平均为 1.51 亩，小麦种植面积平均为 1.98 亩，玉米种植面积平均为 2.31 亩。在东北地区，样本农户的粮食种植面积平均为 52.88 亩，水稻种植面积平均为 9.77 亩，小麦种植面积平均为 0 亩，玉米种植面积平均为 34.49 亩。

课题组进一步计算了水稻、小麦、玉米的种植面积占粮食种植面积的比重（表 3-18）。数据表明，东部地区以种植水稻为主，种植面积的比重平均为 47%；其次是小麦，种植面积的比重平均为 27%；再次是玉米，种植面积的比重平均为 21%。中部地区以水稻种植为主，种植面积的比重平均为 38%；其次是玉米，种植面积的比重平均为 33%；再次是小麦，种植面积的比重平均为 22%。西部地区以玉米种植为主，种植面积的比重平均为 34%；其次是水稻，种植面积的比重平均为29%；再次是小麦，种植面积的比重平均为23%。东北地区以玉米种植为主，种植面积的比重平均为63%；其次是水稻，种植面积的比重平均为20%。

表3-18 各地区农户的粮食种植结构

变 量	东部地区	中部地区	西部地区	东北地区
水稻种植面积/粮食种植面积	0.47	0.38	0.29	0.20
小麦种植面积/粮食种植面积	0.27	0.22	0.23	0.00
玉米种植面积/粮食种植面积	0.21	0.33	0.34	0.63

根据《全国农产品成本收益资料汇编2014》，2013年我国三种粮食平均每亩主产品产值为1077.29元，副产品产值为21.84元，总产值为1099.13元，扣除总成本1026.19元后，每亩净利润72.94元。数据表明，样本农户粮食种植面积平均为25.21亩（表3-17）。因此，样本农户家庭从粮食生产中得到的净利润为1838.81元。由于样本农户在家从事农业生产的劳动力平均为1.80人（表3-3），则每个从事农业生产的劳动力一年的纯收入平均为1023.27元。显然，这样小的经营规模下，农户难以实现增收，农业经营也难以成为体面和受人尊敬的职业。因此，促进土地规模经营是发展现代农业的重要途径。

当前，我国工业化城镇化快速发展，大量的农村劳动力进入城市，许多地方已经具备了发展土地适度规模经营的条件，土地流转和集中的趋势越来越明显。但在我国这样一个人多地少的国家推进土地规模经营，绝不能脱离实际，片面追求超大规模经营，照搬国外的大规模农场，而要充分认识实现土地适度规模经营的长期性和复杂性。近年来，随着土地流转的快速推进，家家户户种地的农民出现了分化，越来越多的农户把农业当副业，有的不再精耕细作，甚至出现撂荒现象。

特别是大量工商资本进入农村，推进土地流转和规模经营后，一方面发挥了资金、技术和管理等方面的优势，促进农业生产方式和组织管理方式的现代化，但另一方面，在一些地区也出现了"非农化"和"非粮化"的现象。

由于调查问卷中并没有涉及流转土地是否用于非农用途的问题，课题组用种植业收入占家庭总收入的比重来近似地衡量"非农化"的程度，用粮食播种面积占农作物播种面积的比重来衡量"非粮化"的程度（表3-19）。

表3-19　　　　　　　各地区农户种植业亩均成本收益情况

	变量名	样本量	均　值	标准差	最小值	最大值
整体样本	种植业收入占家庭总收入的比重	3016	0.44	0.28	0	1
	粮食播种面积占农作物播种面积的比重	3017	0.86	0.21	0	1
东部地区	种植业收入占家庭总收入的比重	471	0.43	0.29	0	1
	粮食播种面积占农作物播种面积的比重	471	0.81	0.26	0	1
中部地区	种植业收入占家庭总收入的比重	1503	0.42	0.28	0	1
	粮食播种面积占农作物播种面积的比重	1504	0.89	0.18	0	1
西部地区	种植业收入占家庭总收入的比重	785	0.40	0.25	0	1
	粮食播种面积占农作物播种面积的比重	785	0.81	0.23	0	1
东北地区	种植业收入占家庭总收入的比重	257	0.68	0.26	0.01	1
	粮食播种面积占农作物播种面积的比重	257	0.97	0.09	0.17	1

数据表明，样本农户的种植业收入占家庭总收入的比重平均为44%。据国家统计局数据。2013年我国农村居民人均纯收入为8895.91元，其中，人均家庭经营纯收入为3793.17元，家庭经营纯收

入占纯收入的比重为42.6%。由于样本农户的种植业收入占家庭总收入的比重略高于全国平均水平，一方面显示了本问卷调查的科学性和代表性，另一方面也说明，样本农户的"非农化"问题并不严重。各地区的结果表明，东北地区农户的种植业收入占家庭总收入的比重最高（68%），其次是东部地区（43%），再次是中部地区（42%），最后是西部地区（40%）。根据表3-7，农作物播种面积东北地区最大（54.65亩），其次是东部地区（40.33亩），再次是中部地区（30.57亩），最后是西部地区（9.67亩）。这就说明，农作物播种面积越高的地区，其农户收入越依赖于种植业收入。因此，样本数据表明，推进土地流转和规模经营并不一定会带来"非农化"的问题。当然，在推进土地流转的过程中一定要注意抑制工商资本进入农业可能带来的"非农化"倾向，正如2016年的中央一号文件中所指出的，要"完善工商资本租赁农地准入、监管和风险防范机制"。

（四）对粮食种植成本利润率的重估

由于农户自有耕地的土地流转租金和自身的劳动成本没有得到体现，造成了对成本利润率的高估。课题组根据《全国农产品成本收益资料汇编2014》中各省2013年的每亩水稻、小麦和玉米种植的自营地折租（表3-20）和家庭用工折价（表3-21）数据，对粮食种植的成本进行重新估算①，从而得到更为合理的成本利润率数据。

---

① 这种估算是粗略的。首先，调查问卷中只有水稻、小麦、玉米的种植面积数据，我们只能对这三个品种的成本进行重新估算。其次，问卷里并没有像《全国农产品成本收益资料汇编2014》那样区分了早籼稻、中籼稻、晚籼稻和粳稻这四个水稻品种，统计各个品种的产量和种植面积。

表 3－20　各省每亩水稻、小麦、玉米种植的自营地折租　　　　单位：元

省份	早籼稻	中籼稻	晚籼稻	粳稻	小麦	玉米
浙江	108.12		122.85	172.60		
安徽	131.41	148.79	169.01	151.06	144.67	141.83
福建	132.25	183.14	142.77			
江西	135.23		138.65			
江苏		110.59		128.00	121.57	119.25
河南		135.25		144.98	153.64	163.74
湖北	110.45	120.73	111.15	101.93	119.06	109.73
河北				363.84	155.88	162.83
内蒙古				314.87	229.30	205.14
辽宁				333.44		225.84
吉林				371.25		274.94
黑龙江				197.47		237.59
山西					115.95	118.03
山东				185.29	147.93	139.38
广西	129.01		127.95			124.15
重庆		106.62				89.50
四川		98.76			94.63	91.66
贵州		143.39				97.58
云南		183.02		174.99	127.36	125.04
陕西		76.25			79.26	78.59
甘肃					134.00	146.71
宁夏				233.01	168.34	163.13
新疆					176.68	241.41
湖南	123.00	169.03	128.05			
广东	153.66		155.66			
海南	88.13		90.26			

注：数据来自于《全国农产品成本收益资料汇编2014》。

表 3－21　各省每亩水稻、小麦、玉米种植的家庭用工折价　　　　单位：元

省份	早籼稻	中籼稻	晚籼稻	粳稻	小麦	玉米
浙江	237.52		279.75	276.28		

续表

省 份	早籼稻	中籼稻	晚籼稻	粳稻	小麦	玉米
安 徽	385.42	322.93	366.25	424.73	205.09	357.34
福 建	644.30	596.84	632.13			
江 西	354.08		347.07			
江 苏		301.72		437.10	239.50	418.40
河 南		293.76		565.83	315.38	366.52
湖 北	482.53	328.44	451.38	541.69	200.87	553.04
河 北				660.35	358.16	371.28
内蒙古				298.59	306.48	266.97
辽 宁				334.49		341.84
吉 林				381.48		313.96
黑龙江				165.78		190.33
山 西					339.05	516.80
山 东				742.97	359.04	389.57
广 西	539.44		525.16			703.53
重 庆		687.07				934.86
四 川		591.67			657.56	697.68
贵 州		1020.88				837.15
云 南		795.74		1107.79	547.33	873.46
陕 西		872.44			445.74	636.96
甘 肃					561.95	1024.08
宁 夏				605.88	373.32	497.90
新 疆					200.19	277.98
湖 南	344.90	438.80	369.44			
广 东	483.28		481.30			
海 南	421.19		403.72			

注：数据来自于《全国农产品成本收益资料汇编 2014》。

在考虑水稻、玉米和小麦的自营土地折租和家庭用工折价以后，成本和成本利润率数据发生了很大的变化，变得更为准确可信（详见

表 3 - 22）。重估后的结果表明，由于考虑了农户的家庭用工折价和自有土地折租，样本农户的利润平均由 12434 元下降为 208.1 元，成本平均由 12268 元上升为 24502 元，成本利润率平均由 147% 下降为 64%。

表 3 - 22　　　　　　　成本与成本利润率的重估

	变量名	样本量	均　值	标准差	最小值	最大值
样本总体	重估前的成本（元）	3017	12268	121791	45	5.790e + 06
	重估后的成本（元）	3017	24502	213401	51	9.415e + 06
	重估前的利润（元）	3015	12434	61922	− 57150	2.100e + 06
	重估后的利润（元）	3015	208.10	79994	− 2.760e + 06	1.301e + 06
	重估前的成本利润率	3014	1.47	1.59	− 0.99	53.52
	重估后的成本利润率	3015	0.64	4.80	− 1.36	195.90
东部地区	重估前的成本（元）	471	24737	268569	79	5.790e + 06
	重估后的成本（元）	471	43788	436964	79	9.415e + 06
	重估前的利润（元）	471	19669	100299	− 14538	2.100e + 06
	重估后的利润（元）	471	618.20	72898	− 1.526e + 06	252053
	重估前的成本利润率	471	1.56	1.243	− 0.91	15.76
	重估后的成本利润率	471	1.26	6.240	− 0.95	112.20
中部地区	重估前的成本（元）	1504	11603	82683	45	2.231e + 06
	重估后的成本（元）	1504	24448	175167	94	5.029e + 06
	重估前的利润（元）	1503	12256	65790	− 57150	1.400e + 06
	重估后的利润（元）	1503	− 580	104880	− 2.760e + 06	1.301e + 06
	重估前的成本利润率	1502	1.34	0.95	− 0.87	13.81
	重估后的成本利润率	1503	0.34	1.79	− 1.36	36.63
西部地区	重估前的成本（元）	785	2100	2635	50	28095
	重估后的成本（元）	785	6307	6049	51	56982
	重估前的利润（元）	785	6222	12721	− 5344	192600
	重估后的利润（元）	785	2015	12793	− 39366	181867
	重估前的成本利润率	785	1.71	2.56	− 0.65	53.52
	重估后的成本利润率	785	0.99	7.63	− 0.91	195.90

续表

	变量名	样本量	均 值	标准差	最小值	最大值
东北地区	重估前的成本（元）	257	24362	37624	423	313040
	重估后的成本（元）	257	45050	59878	1558	440178
	重估前的利润（元）	256	19217	22882	-50153	159280
	重估后的利润（元）	256	-1459	22981	-104795	90662
	重估前的成本利润率	256	1.37	1.17	-0.99	11.54
	重估后的成本利润率	256	0.23	1.18	-0.99	14.90

分地区的结果表明，在考虑农户的家庭用工折价和自有土地折租以后，东部地区样本农户的利润平均由 19669 元下降为 618.2 元，成本平均由 24737 元上升为 43788 元，成本利润率平均由 156% 下降为 126%。中部地区样本农户的利润平均由 12256 元下降为 -580 元，成本平均由 11603 元上升为 24448 元，成本利润率平均由 134% 下降为 34%。西部地区样本农户的利润平均由 6222 元下降为 2015 元，成本平均由 2100 元上升为 6307 元，成本利润率平均由 171% 下降为 99%。东北地区样本农户的利润平均由 19217 元下降为 -1459 元，成本平均由 24362 元上升为 45050 元，成本利润率平均由 137% 下降为 23%。

这表明，农户从事粮食生产的利润，实际上有很大一部分是来自于自身劳动力投入的用工折价和自有土地折租。表 3-23 具体展示了家庭劳动力的用工折价和自有土地折租在重估后的成本中所占的比重。数据表明，家庭劳动力用工折价占重估后总成本的 45%，自有土地折租占到重估后总成本的 15%。

表 3-23　　家庭用工折价与自有土地折租在重估后成本中的比重

	变量名	样本量	均 值	标准差	最小值	最大值
样本总体	家庭劳动力用工折价占比	2993	0.45	0.13	0	0.84
	自有土地折租占比	2993	0.15	0.06	0	0.51

续表

	变量名	样本量	均 值	标准差	最小值	最大值
东部地区	家庭劳动力用工折价占比	471	0.41	0.10	0	0.62
	自有土地折租占比	471	0.14	0.03	0	0.25
中部地区	家庭劳动力用工折价占比	1504	0.42	0.09	0	0.78
	自有土地折租占比	1504	0.16	0.05	0	0.27
西部地区	家庭劳动力用工折价占比	761	0.58	0.11	0	0.83
	自有土地折租占比	761	0.11	0.04	0	0.35
东北地区	家庭劳动力用工折价占比	257	0.27	0.08	0.09	0.51
	自有土地折租占比	257	0.25	0.06	0.08	0.50

分地区的结果表明，东部地区的家庭劳动力用工折价占到重估后总成本的41%，自有土地折租占到重估后总成本的14%；中部地区的家庭劳动力用工折价占到重估后总成本的42%，自有土地折租占到重估后总成本的16%；西部地区的家庭劳动力用工折价占到重估后总成本的58%，自有土地折租占到重估后总成本的11%；东北地区的家庭劳动力用工折价占到重估后总成本的27%，自有土地折租占到重估后总成本的25%。

课题组考察了粮食种植的成本利润率与粮食种植规模的关系，如表3-24所示。数据表明，随着耕地面积的扩大，粮食种植的成本利润率呈现出下降的趋势。这与图3-3所展示的成本利润率与经营规模的负相关关系是一致的。这表明，从对成本利润率进行相对比较的角度而言，不考虑家庭自有劳动力的用工折价和自有土地的折租，并不影响我们讨论经营规模对成本利润率的影响。因此，在后面的章节中，课题组分析的对象是不考虑家庭自有劳动力的用工折价和自有土地的折租的情形下的成本、利润和成本利润率。

表 3 – 24   粮食种植的规模与成本利润率的关系

规模组别	样本量	均　值	标准差	最小值	最大值
0 ~ 5 亩	1298	1. 15	7. 13	– 0. 87	195. 90
5 ~ 10 亩	748	0. 39	1. 79	– 0. 92	15. 54
10 ~ 20 亩	463	0. 15	0. 80	– 1. 36	8. 15
20 ~ 50 亩	283	0. 22	0. 80	– 0. 97	8. 06
50 亩以上	223	0. 08	0. 95	– 0. 99	8. 63

第四章

我国粮食生产土地规模经济的测算

——基于3063个粮食种植户的调查数据

课题组在统计性描述的基础上，进一步分析当前我国粮食生产中的土地规模经营情况。经过数据清理，获得有效问卷3063份。数据表明，我国传统的粮食生产经营模式面临着耕地经营面积过小、农业劳动力老龄化等问题。与小规模种植户相比，种粮大户和家庭农场等新型经营主体通过土地规模化经营，优化了土地、农用机械、劳动力等生产要素的配置，农业生产效率更高。应积极推进适度规模经营，发挥农业生产的规模经济，促进农业提质增效。

一、粮食生产的规模经济

（一）粮食生产规模经济的统计性描述

综合考虑自然条件和经济发展水平，本文分东部地区、中部地区、西部地区和东北地区这四个区域来分析当前粮食生产经营的状况，如表4-1所示。东部地区、中部地区和西部地区和东北地区样本数量分别为502户、1512户、789户和260户，分别占样本总数的16.39%、

49.36%、25.76%和8.49%。

表4-1　　　　　　　各地区粮食生产的现状：样本均值

变　量	总　体	东　部	中　部	西　部	东　北
户均粮食产量（斤）	22881	36688	24251	3751	46312
户均粮食利润（元）	10236	14279	11202	2747	19540
成本利润率（%）	217	172	207	274	185
种植面积（亩）	25	36	28	5.66	44
粮食单产（斤/亩）	782	865	784	671	949
亩均利润（元/亩）	516	556	507	507	513
有效劳动（人）	1.13	0.97	1.16	0.90	1.95
物质费用（元）	10486	15660	12866	1109	15104
其他流动资本（元）	4315	12592	3246	103	7329
户主年龄（岁）	50.67	51.09	51.40	49.91	47.86
户主受教育程度（年）	6.54	6.50	6.75	6.28	6.16

这里物质费用主要包括机械作业费用、灌排费用、化肥费用、农药费用、种子费用等；其他流动资本主要包括转入土地的流转费用和雇工费用等。

需要指出的是，由于种植业的劳动力数据无法直接得到，依据现行国家农村统计调查口径对农村劳动力的界定[①]，只能相对粗线条地勾勒农业生产中的劳动投入状况。本课题参照林毅夫（Lin，1992）的研究方法[②]并做了一定的调整，采用有效劳动投入来衡量农业生产中的劳动投入状况。具体公式是：有效劳动投入＝家庭人口数×（粮食种植利润/家庭纯收入）。

---

① 现行国家农村统计调查按照整劳动力数和半劳动力数之和汇总农村劳动力数量，即整劳动力指男子18~50周岁，女子18~45周岁；半劳动力指男子16~17周岁、51~60周岁，女子16~17周岁、46~55周岁，同时具有劳动能力的人。虽然在劳动年龄之内但已丧失劳动能力的人，不应统计为劳动力；虽然在劳动年龄以外但仍能经常参加劳动的人，应计入整半劳动力中。

② 林毅夫（Lin，1992）为了估计种植业劳动力数据，按种植业产值占农业总产值的份额进行加权处理。他尝试采用价值份额的平方根作为权数处理，对估计结果没有显著影响。

用家庭人口数而非家庭劳动力数，是因为家庭人口数可能比家庭劳动力数更接近农业生产实际。现行依据劳动年龄和劳动能力的统计方法与当前农村状况存在一定差距。实际上，不少超过劳动年龄的老人在种植业生产上的经验、技术和实际投入，并不逊于甚至高于一般劳动力。用粮食利润而非粮食产值，是因为农户生产行为的目标更可能是利润最大化，而不是生产规模最大化。用家庭纯收入而不仅是农业收入仅因为农户非农收入的重要性越来越大，直接影响到家庭劳动力投入决策。如何在非农就业和农业生产上分配就业选择农村劳动力面对农业生产和非农就业两种同样重要的机会选择，这一指标考虑了包括外出务工在内的非农就业对农村劳动力的吸纳作用。

样本农户粮食生产的成本利润率[1]均值为217%，其中东部地区172%，中部地区207%，西部地区274%，东北地区185%。而据《全国农产品成本收益资料汇编2014》显示，2013年我国三大主粮的成本利润率为7.11%。对于农业比较效益长期偏低已成基本共识，但为什么根据调查数据计算的成本利润率却如此高呢？这是因为，这项调查数据中的成本只计算了农户土地转入费用和雇工成本，没有考虑家庭用工折价和农户自有土地的租金折价。

样本农户的土地经营规模差异很大，粮食种植面积平均为25亩，其中最低的为0.5亩，最高的为7000亩。分区域的结果表明，东部地区粮食种植面积平均36亩，中部地区28亩，西部地区5.66亩，东北地区44亩。

样本农户平均粮食单产为782斤/亩，亩均利润516元，亩均物质

---

[1]　成本利润率＝户均粮食利润÷（物质费用＋其他流动资本）×100%。

费用为 422.8 元，亩均雇工和土地转入费用为 174.0 元。从农户特征变量来看，样本农户户主平均年龄为 50.67 岁，平均受教育年限为 6.54 年，表明高龄化农民群体成为农业生产经营的主体力量，我国的农业经营主体存在着老龄化和受教育程度低的问题。

表 4-2　　　　　　　　粮食适度规模经营的产出和利润比较

规模组别	样本量	亩均产量（斤）	亩均利润（元）	成本利润率（%）
0~50 亩	2847	767	518	225
50~100 亩	82	940	502	134
100~150 亩	63	1056	546	104
150~200 亩	32	978	446	81
200 亩以上	40	929	407	87

根据表 4-2 中粮食产区受访农户粮食产量和利润的比较可见，粮食种植户单产水平随着经营规模的扩大，大致呈现先升后降的"倒 U"形变化趋势。当农户经营规模在 100~150 亩、150~200 亩时，单产分别达到 1056 斤/亩、978 斤/亩，在这一区间里，粮食单产最高。粮食种植户的亩均利润也是如此，随着经营规模的扩大，呈现"倒 U"形变化趋势，当农户经营规模在 100~150 亩时亩均利润为 546 元/亩，之后出现迅速下降。通过比较亩产和亩均利润的总体变化趋势发现，与经营规模在 0~50 亩的农户相比，200 亩以上的粮食种植户尽管单产有较大幅度增加，增产 162 斤/亩；但是亩均利润却也出现较大幅度的下降，减少 111 元/亩。

从户均粮食种植利润来看，当农户经营规模达到 100~150 亩、150~200 亩、200 亩以上时，户均粮食种植利润分别达到 67771 元、79705 元、249681 元。按照粮食产区受访农户户均 4.2 人，其中户均外出务工人员 0.9 人，户均务农人员 3.3 人计算，在家务农人员人均粮食种植利润分别为 20537 元、24153 元、75661 元。根据国家统计局

《2013 年全国农民工监测调查报告》数据测算，外出农民工年人均纯收入 20604 元（外出农民工人均月收入 2609 元，人均月消费支出 892元）。由此可见，当农户经营规模达到 100～150 亩时，在家务农收入与外出务工收入大致相当。

随着农户粮食生产规模的扩大，成本利润率却出现大幅下降的趋势。当农户经营规模在 0～50 亩时，粮食生产成本利润率最高，而当经营规模扩大到 100～150 亩时，成本利润率下降，继续扩大到 200 亩以上时，成本利润率继续下降。这是因为与小农户相比，规模种植户更依赖于流转转入的土地，更依靠外部的劳动力，导致其物质费用和其他流动资本的投入更多。

总体来看，权衡粮食产量最大化和利润最大化双重目标及务农收入和务工收入的关系，可得出受访农户粮食种植的适度规模大致应在 150亩左右的结论。目前户均经营耕地面积只有 25 亩。这意味着，为了达到这一适度规模，需要转出 8 成以上的农业劳动力，难度可想而知。

（二）粮食生产规模经济的回归分析

我们采用 C－D 生产函数来估计粮食种植的生产函数，考察土地、资本、劳动力等投入要素的产出弹性，进而计算其是否存在规模经济。

$$lnY = a * lnLand + b * lnLabor + c * lnPcap +$$

$$d * lnETcap + e * Exp + f * Exp^2 + u \qquad (4-1)$$

式（4-1）中，各变量的定义和具体内容如下：总产出（Y_i）表示第 i 个农户粮食种植的产量（斤）；土地（$Land_i$）表示第 i 个农户粮食种植的面积（亩）；劳动（$Labor_i$）表示第 i 个农户种植水稻中的有效劳动投入；物质资本投入（$Pcap_i$）主要包括机械作业费用、灌排费用、化肥费用、农药费用、种子费用等；其他流动资本投入

（$ETcap_i$）主要包括转入土地的流转费用和雇工费用等；Exp_i代表户主种植经验，用年龄和受教育年限的差值近似计量，反映农业生产经验和技能等。

表4－3　　　　　　　　粮食生产中的规模经济：产量与规模

	（1）	（2）	（3）	（4）	（5）
	总　　体	东部地区	中部地区	西部地区	东北地区
规模经济	1.082	1.057	1.074	0.993	1.168
	$\ln Y$	$\ln Y$	$\ln Y$	$\ln Y$	$\ln Y$
$\ln Land$	0.891***	0.999***	0.869***	0.775***	0.949***
	(0.008)	(0.018)	(0.011)	(0.023)	(0.034)
$\ln Labor$	0.124***	0.029**	0.144***	0.146***	0.198***
	(0.007)	(0.012)	(0.009)	(0.013)	(0.029)
$\ln Pcap$	0.041***	0.018*	0.041***	0.050***	0.010
	(0.003)	(0.010)	(0.003)	(0.006)	(0.009)
$\ln Etcap$	0.026***	0.011***	0.020***	0.022***	0.021***
	(0.002)	(0.004)	(0.003)	(0.007)	(0.006)
Exp	0.008***	0.006	0.006*	0.004	0.012
	(0.003)	(0.005)	(0.003)	(0.005)	(0.010)
Exp^2	−0.000***	−0.000	−0.000**	−0.000	−0.000
	(0.000)	(0.000)	(0.000)	(0.000)	(0.000)
_cons	6.384***	6.452***	6.501***	6.437***	6.467***
	(0.058)	(0.125)	(0.079)	(0.113)	(0.220)
N	3062	501	1512	789	260
F	8029.651	3357.541	4624.243	522.470	520.894

注：*、**、***分别表示在10%、5%、1%的水平上显著。

回归结果表明，土地、劳动、物质资本、其他流动资本的产出弹性分别为0.891、0.124、0.041、0.026，规模报酬系数为1.082。通过联合假设检验对规模报酬不变的原假设进行 Wald 检验，其 F 统计量为8029.651，在1%的显著性水平上拒绝原假设。因此，总体上可以判断，粮食生产存在显著的规模报酬递增现象。也就是说，当土地、劳动、物质资本和其他流动资本各项生产要素的投入都增加 1 倍时，产出的增加大于 1 倍。

另外，农户特征变量户主生产经验（Exp_i）显著且系数为正值，而户主年龄平方（Exp_i^2）显著且系数为负值。也就是说，户主生产经验越丰富的农户，粮食产出水平越高，但产出增加的幅度趋于减小，符合边际效益递减规律。

分地区的结果表明，从产出的角度看，东北地区的规模经济效益最大（1.168），其次是中部地区（1.074），然后是东部地区（1.057），西部地区甚至表现出规模不经济（0.993）。将这四个区域的规模经济效益与平均耕地面积进行一个简单的线性拟合。数据表明，产出的规模经济效益的大小与经营规模正相关（图 4-1）。

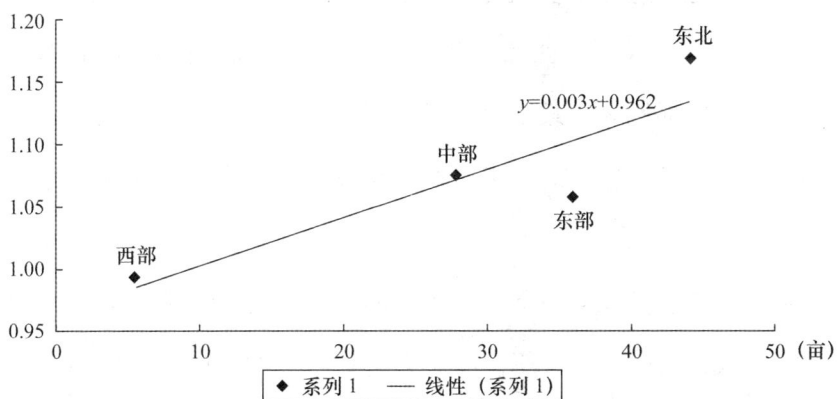

图 4-1　粮食产出的规模经济系数与经营规模正相关

根据估计出的土地、劳动力等要素的产出弹性系数，我们运用式（4-2）计算出粮食生产的 TFP，并进一步考察不同地区（表 4-4）、不同种植规模下的 TFP 水平（表 4-5）。

$$TFP = lnY - a * lnLand - b * lnLabor - c * lnPcap -$$
$$d * lnETcap - e * Exp - f * Exp^2 \qquad (4-2)$$

表 4 - 4　　　　　　　　　　各区域粮食生产的 TFP

TFP	样本量	均值	方差	最小值	最大值
东　部	501	7. 133	0. 385	5. 688	8. 301
中　部	1512	6. 921	0. 396	4. 893	8. 274
西　部	789	6. 721	0. 463	4. 629	8. 840
东　北	260	7. 116	0. 419	5. 278	8. 494
总　体	3062	6. 921	0. 439	4. 629	8. 840

表 4 - 5　　　　　　不同种植规模下粮食生产的 TFP

TFP	样本量	均值	方差	最小值	最大值
0 ~ 50 亩	2847	6. 888	0. 429	4. 629	8. 840
50 ~ 100 亩	82	7. 204	0. 328	6. 416	8. 103
100 ~ 150 亩	63	7. 369	0. 245	6. 836	8. 247
150 ~ 200 亩	32	7. 519	0. 351	6. 892	8. 220
200 亩以上	40	7. 486	0. 329	6. 991	8. 494

数据表明，东部地区粮食生产的 TFP 水平最高，其次是东北地区，然后是中部地区，最后是西部地区。另外，耕地规模在150 ~ 200亩的区间时，粮食生产的 TFP 最高，粮食生产的 TFP 与耕地规模呈现出"倒 U 型"关系。

最后，我们来探索一下粮食生产的 TFP 可能的影响因素。将被解释变量换成粮食生产的 TFP，重复式（4 - 3）的回归，结果如表 4 - 6所示。

表 4 - 6　　　　不同种植规模下粮食生产的 TFP 的影响因素分析

耕地面积	<10 亩	<20 亩	<50 亩	全样本
	(1)	(2)	(3)	(4)
	TFP	TFP	TFP	TFP
lnLand	- 0.070 ***	- 0.060 ***	- 0.040 ***	- 0.013
	(0.013)	(0.011)	(0.010)	(0.008)

续表

耕地面积	<10 亩	<20 亩	<50 亩	全样本
	(1)	(2)	(3)	(4)
	TFP	TFP	TFP	TFP
ln*Labor*	0.011	0.011	0.009	0.003
	(0.007)	(0.007)	(0.007)	(0.006)
ln*Pcap*	0.000	0.001	0.000	−0.002
	(0.003)	(0.003)	(0.003)	(0.003)
ln*Etcap*	−0.016 ***	−0.013 ***	−0.009 ***	−0.004 *
	(0.004)	(0.003)	(0.003)	(0.002)
exp	−0.000	−0.001	−0.002	−0.002
	(0.003)	(0.003)	(0.003)	(0.002)
exp^2	−0.000	0.000	0.000	0.000
	(0.000)	(0.000)	(0.000)	(0.000)
1. *region*	0.000	0.000	0.000	0.000
	(.)	(.)	(.)	(.)
2. *region*	−0.072 ***	−0.071 ***	−0.088 ***	−0.091 ***
	(0.022)	(0.020)	(0.018)	(0.017)
3. *region*	−0.203 ***	−0.223 ***	−0.246 ***	−0.248 ***
	(0.023)	(0.021)	(0.020)	(0.019)
4. *region*	0.121 **	0.098 ***	0.081 ***	0.043
	(0.049)	(0.038)	(0.030)	(0.026)
_ *cons*	6.598 ***	6.607 ***	6.611 ***	6.580 ***
	(0.069)	(0.064)	(0.061)	(0.059)
N	2216	2616	2846	3062
F	20.285	25.753	27.565	26.131

注：*、**、*** 分别表示在10%、5%、1%的水平上显著。

结果表明，耕地面积对 TFP 产生了显著的负向影响。这说明，目前的小农生产方式之下，土地等生产要素投入组合的效率还不高，但是随着土地规模的扩大，耕地面积对 TFP 的负向影响逐渐变小。列（4）的结果中，这种负面影响就不显著了。这意味着，随着土地规模的扩大，生产经营方式逐渐从小农生产转向现代化和规模化经营，土地等生产要素投入组合的效率在逐渐改善。

从农户经营收益的角度，我们将式（4-1）的被解释变量换成粮食生产的利润（R），重复上面的回归，如式（4-3）所示。回归结果如表4-7所示。

$$lnR = a * lnLand + b * lnLabor + c * lnPcap$$
$$+ d * lnETcap + e * Exp + f * Exp^2 + u \qquad (4-3)$$

表4-7　　　　　　　　粮食生产中的规模经济：利润与规模

	（1）	（2）	（3）	（4）	（5）
	总　体	东部地区	中部地区	西部地区	东北地区
规模经济	1.109	1.108	1.135	1.051	1.095
	lnR	lnR	lnR	lnR	lnR
lnLand	0.795 ***	0.946 ***	0.825 ***	0.712 ***	0.646 ***
	(0.013)	(0.034)	(0.018)	(0.032)	(0.053)
lnLabor	0.321 ***	0.228 ***	0.336 ***	0.337 ***	0.474 ***
	(0.010)	(0.023)	(0.014)	(0.019)	(0.045)
lnPcap	-0.021 ***	-0.066 ***	-0.026 ***	-0.022 ***	-0.025 *
	(0.004)	(0.018)	(0.006)	(0.008)	(0.015)
lnEtcap	0.014 ***	-0.003	0.006	0.024 **	0.016
	(0.004)	(0.008)	(0.005)	(0.010)	(0.010)
Exp	0.015 ***	0.025 ***	0.007	0.016 **	0.017
	(0.004)	(0.009)	(0.006)	(0.007)	(0.016)
Exp^2	-0.000 ***	-0.000 **	-0.000	-0.000 **	-0.000
	(0.000)	(0.000)	(0.000)	(0.000)	(0.000)
_Cons	6.429 ***	6.379 ***	6.587 ***	6.448 ***	6.827 ***
	(0.088)	(0.234)	(0.130)	(0.158)	(0.341)
N	3063	502	1512	789	260
F	2999.874	864.106	1604.143	282.946	131.934

注：*、**、*** 分别表示在10%、5%、1%的水平上显著。

从生产要素的作用来看，耕地的作用显著且对粮食生产利润的弹性最大，表明土地仍然是最为重要的生产资料。劳动投入对粮食利润影响显著且弹性为正。物质资本对粮食利润的弹性显著且为负。

另外，农户特征变量户主生产经验（Exp_i）显著且系数为正值，而户主年龄平方（Exp_i^2）显著且系数为负值。也就是说，户主生产经验越丰富的农户，粮食利润越高，但利润增加的幅度趋于减小，符合边际效益递减规律。

回归结果表明，土地、劳动、物质资本、其他流动资本的产出弹性分别为 0.795、0.321、－0.021、0.014，规模报酬系数为 1.109。通过联合假设检验对规模报酬不变的原假设进行了 Wald 检验，其 F 统计量为 2999.874，在 1% 的显著性水平上拒绝原假设。因此，总体上可以判断，粮食利润存在显著的规模报酬递增现象。也就是说，当土地、劳动、物质资本和其他流动资本各项生产要素的投入都增加 1 倍时，利润的增加大于 1 倍。

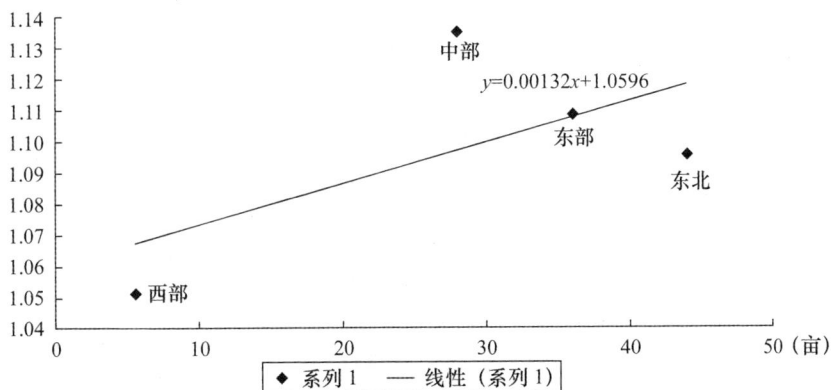

图 4 - 2　粮食利润的规模经济系数与经营规模正相关

分地区的结果表明，从利润的角度看，中部地区的规模经济效益最大（1.135），其次是东部地区（1.108），然后是东北地区（1.095），最后是西部地区（1.051）。将这四个区域的规模经济效益与平均耕地面积进行一个简单的线性拟合，数据表明，利润的规模报酬的大小与经营规模存在一定的正相关关系（图4-2）。

二、水稻种植的规模经济

（一）水稻种植规模经济的统计性描述

问卷中水稻种植的样本有1422户，其中东部地区、中部地区和西部地区和东北地区样本数量分别为285户、692户、381户和64户，分别占样本总数的20.04%、48.66%、26.79%和4.50%（表4-8）。

表4-8　　　　　　　各地区水稻生产的现状：样本均值

变 量	总 体	东 部	中 部	西 部	东 北
户均水稻产量（斤）	9531	12030	9575	2467	39978
户均水稻利润（元）	5894	7616	5740	1738	24637
成本利润率（%）	147	145	123	195	123
种植面积（亩）	10.51	12.40	11.19	3.04	39.16
水稻单产（斤/亩）	844	875	826	835	950
亩均利润（元/亩）	527	592	463	569	677
有效劳动（人）	0.76	0.75	0.73	0.63	1.96
物质费用（元）	4591	6632	4318	1021	19717
其他流动资本（元）	1588	1574	1501	61.54	11667
户主年龄（岁）	51.36	50.85	51.55	51.82	48.75
户主受教育程度（年）	6.66	7.18	6.79	6.15	6.02

样本农户水稻生产的成本利润率均值为147%。其中，东部地区145%，中部地区123%，西部地区195%，东北地区123%。

样本农户水稻种植面积存在较大的差异，水稻种植面积平均为10.51亩。其中，最低的为0.5亩，最高的为760亩。样本农户平均水稻单产为843.7斤/亩，亩均利润527元，亩均物质费用为392.3元，亩均雇工和土地转入费用为 33.9 元。从农户特征变量来看，样本农户户主平均年龄为 51.36 岁，户主年龄在 50 岁以上的农户占 55.1%；样本农户户主受教育年限平均为 6.79 年，户主初中及以下文化程度的农户占 88.2%。我国的水稻种植面临着劳动力老龄化和受教育程度低的问题。

表 4-9　　　　　　水稻适度规模经营的产出和利润比较

规模组别	样本量（户）	亩均产量（斤）	亩均利润（元）	户均利润（元）	成本利润率（%）
0～50 亩	1366	838	522	2287	148
50～100 亩	30	918	699	51545	165
100～150 亩	16	1082	665	72236	81
150～200 亩	3	1306	518	87469	58
200 亩以上	8	895	506	191267	112

根据水稻种植户亩均产量和亩均利润的比较可见（表 4-9），水稻种植户单产水平随着经营规模的扩大，大致呈现先升后降的"倒 U"形关系，当农户经营规模在 100～150 亩、150～200 亩时，单产分别达到 1082 斤/亩、1306 斤/亩。水稻种植户亩均利润随着经营规模的扩大，也大致呈现先升后降的"倒 U"形变化趋向，当农户经营规模在 50～100 亩、100～150 亩时，亩均利润分别达到 699 元/亩、665 元/亩。与经营规模在 100～150 亩的农户相比，200 亩以上的水稻种植户亩产和亩均利润均出现明显下降，分别减少 187 斤/亩和 159 元/亩。

从户均水稻种植利润来看，当农户经营规模达到 50～100 亩、100～150 亩、150～200 亩、200 亩以上时，户均水稻种植利润分别达到 51545 元、72236 元、87469 元、191267 元。按照水稻种植户平均每户 4.4 人，其中户均外出务工人员 1.2 人，户均务农人员 3.2 人计算，在家务农人员人均水稻种植利润分别为 16108 元、22574 元、27334 元、59771 元。根据国家统计局《2013 年全国农民工监测调查报告》数据，外出农民工年人均纯收入 20604 元。由此可见，当农户经营规模达到 100～150 亩时，务农人员人均水稻种植纯收入基本接近农民工工资性收入水平。也就是说，在家务农收入与外出务工收入大致相当。

随着农户水稻生产规模的扩大，成本利润率却出现大幅下降的趋势。当农户经营规模在 50～100 亩时，水稻生产成本利润率最高为 165%，而当经营规模扩大到 150～200 亩时，成本利润率只有 58%，成本利润率下降了 65%。

总体来看，权衡水稻种植产出最大化和利润最大化双重目标，同时统筹考量务农和务工收入关系，水稻种植的适度规模大致应在 100 亩，这与目前该地区户均经营耕地面积 10.51 亩的状况相比，需要转出近 9 成的农业劳动力。这一适度规模可能是未来相当长一个时期内的发展目标，不可能一蹴而就，需要循序渐进。

（二）水稻种植规模经济的回归分析

我们采用 C-D 生产函数来估计水稻种植的生产函数，考察土地、资本、劳动力等投入要素的产出弹性，进而计算其是否存在规模经济（表 4-10）。

表 4-10　　　　　　水稻种植中的规模经济：产量与规模

	(1)	(2)	(3)	(4)	(5)
	总体	东部地区	中部地区	西部地区	东北地区
规模经济	1.038	1.038	1.026	1.028	0.879
	$\ln Y$	$\ln Y$	$\ln Y$	$\ln Y$	$\ln Y$
$\ln Land$	0.766 ***	0.654 ***	0.768 ***	0.730 ***	0.879 ***
	(0.019)	(0.079)	(0.021)	(0.043)	(0.090)
$\ln Labor$	0.112 ***	0.071 ***	0.140 ***	0.117 ***	0.073
	(0.007)	(0.019)	(0.010)	(0.014)	(0.053)

续表

	（1）	（2）	（3）	（4）	（5）
	总体	东部地区	中部地区	西部地区	东北地区
ln$Pcap$	0.143 ***	0.301 ***	0.100 ***	0.181 ***	0.083
	（0.016）	（0.070）	（0.018）	（0.038）	（0.073）
ln$Etcap$	0.017 ***	0.012 *	0.018 ***	0.006	0.014
	（0.003）	（0.007）	（0.004）	（0.008）	（0.012）
Exp	0.008 ***	0.007	0.008 **	0.012 **	0.005
	（0.003）	（0.007）	（0.004）	（0.005）	（0.018）
Exp^2	-0.000 ***	-0.000	-0.000 **	-0.000 **	-0.000
	（0.000）	（0.000）	（0.000）	（0.000）	（0.000）
_$Cons$	5.864 ***	4.872 ***	6.198 ***	5.530 ***	6.304 ***
	（0.112）	（0.421）	（0.136）	（0.262）	（0.588）
N	1422	285	692	381	64
F	4671.880	845.319	2503.436	458.454	273.650

注：*、**、*** 分别表示在10%、5%、1%的水平上显著。

耕地的作用显著且对水稻产出的弹性最大，该估计结果与万广华、程恩江（1996），许庆等（2011），Nguyen et al.（1996）和 Wan and Cheng（2001）采用农户调查数据研究所得出的结果相似，本文测算得出的土地产出弹性为 0.766。土地产出弹性最大的原因可能在于：在发展现代农业的过程中，劳动投入和包括机械、灌排、种子、化肥农药等在内的资本投入对水稻生产的重要性日益凸显，而土地仍然是最为重要的生产资料。

劳动投入对水稻产出影响显著且弹性为正，这在一定程度上支持了万广华、程恩江（1996）和许庆等（2011）的研究结果[①]。另外，

---

① 万广华、程恩江（1996）通过线性函数模型的测算表明，劳动力对晚籼稻产出影响显著，其系数为 0.138，而对早籼稻产出影响并不显著；许庆等（2011）通过 Translog 模型的测算表明，农户劳动投入对早籼稻和中晚籼稻产出影响显著且弹性为正，分别为 0.0929 和 0.0218。

回归结果表明，农户的生产经验（Exp_i）对水稻产量的影响符合边际报酬递减的规律。

经测算得到土地、劳动、物质资本、其他流动资本的产出弹性分别为 0.766、0.112、0.143、0.017，规模报酬系数为 1.038。通过联合假设检验对规模报酬不变的原假设进行了 Wald 检验，其 F 统计量为 4671.88。在 1% 的显著性水平上拒绝原假设。因此，总体上可以判断，我国的水稻生产存在显著的规模报酬递增现象。当土地、劳动、物质资本和其他流动资本各项生产要素的投入都增加 1 倍时，产出的增加大于 1 倍。

分地区的结果表明，从水稻产出的角度看，东部地区的规模经济效益最大（1.038），其次是西部地区（1.028），然后是中部地区（1.026），东北地区甚至表现出规模不经济（0.879）。将这四个区域的规模经济系数（纵轴）与平均耕地面积（横轴）进行一个简单的线性拟合，图像表明，水稻产出的规模经济效益的大小与经营规模负相关（图 4 - 3）。

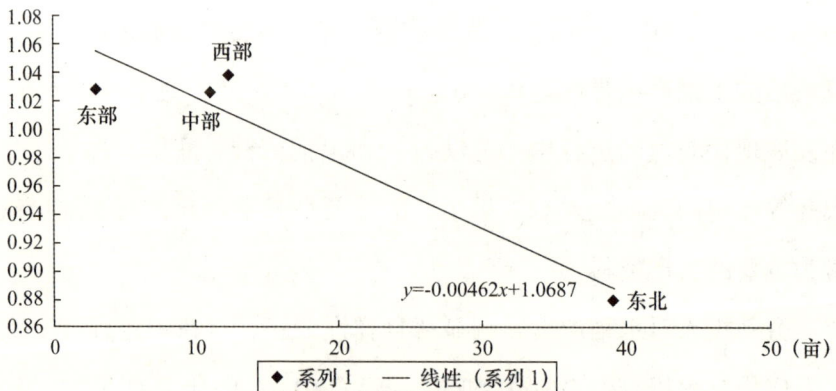

图 4 - 3　水稻种植的规模经济效益与经营规模负相关

根据估计出的土地、劳动力等要素的产出弹性系数，我们运用式（4 - 2）计算出水稻的 TFP，并进一步考察不同地区（表 4 - 11）、不同种植规模下的 TFP 水平（表 4 - 12）。

表 4 - 11　　　　　　　　各区域水稻种植的 TFP

TFP	样本量	均　值	方　差	最小值	最大值
东　部	285	5.89	0.30	3.95	6.49
中　部	692	5.86	0.24	4.77	6.96
西　部	381	5.85	0.27	5.13	6.60
东　北	64	5.88	0.23	5.22	6.51
总　体	1422	5.86	0.26	3.95	6.96

表 4 - 12　　　　　　　不同种植规模水稻种植的 TFP

TFP	样本量	均　值	方　差	最小值	最大值
0 ~ 50 亩	1366	5.86	0.26	3.95	6.60
50 ~ 100 亩	30	5.93	0.30	5.37	6.96
100 ~ 150 亩	16	5.98	0.14	5.73	6.23
150 ~ 200 亩	3	6.21	0.260	6.05	6.51
200 亩以上	8	6.03	0.26	5.74	6.58

数据表明，东部地区水稻生产的 TFP 水平最高，其次是东北地区，然后是中部地区，最后是西部地区。另外，水稻生产的 TFP 与耕地规模之间存在着"倒 U 型"的关系，耕地规模在 150 ~ 200 亩的区间时，水稻生产的 TFP 最高。

最后，我们来探索一下水稻生产的 TFP 可能的影响因素。将被解释变量换成水稻生产的 TFP，重复公式（4 - 1）的回归，结果见表 4 - 13。

表 4 - 13　　　　不同种植规模水稻生产的 TFP 的影响因素分析

耕地面积	< 10 亩	< 20 亩	< 50 亩	全样本
	（1）	（2）	（3）	（4）
	TFP	TFP	TFP	TFP
lnLand	- 0.146***	- 0.154***	- 0.116***	0.003
	（0.029）	（0.028）	（0.026）	（0.019）

耕地面积	<10 亩	<20 亩	<50 亩	全样本
	（1）	（2）	（3）	（4）
	TFP	*TFP*	*TFP*	*TFP*
ln*Labor*	0.011	0.009	0.006	0.001
	(0.008)	(0.007)	(0.007)	(0.007)
ln*Pcap*	0.111***	0.116***	0.094***	−0.006
	(0.026)	(0.025)	(0.023)	(0.016)
ln*Etcap*	−0.006*	−0.006*	−0.005	−0.001
	(0.004)	(0.003)	(0.003)	(0.003)
Exp	0.000	0.000	0.000	−0.000
	(0.003)	(0.003)	(0.003)	(0.003)
Exp^2	0.000	−0.000	0.000	0.000
	(0.000)	(0.000)	(0.000)	(0.000)
1. *Region*	0.000	0.000	0.000	0.000
	(.)	(.)	(.)	(.)
2. *Region*	−0.012	−0.020	−0.028	−0.035*
	(0.020)	(0.019)	(0.019)	(0.018)
3. *Region*	−0.020	−0.027	−0.033	−0.046**
	(0.022)	(0.021)	(0.021)	(0.021)
4. *Region*	−0.055	−0.011	−0.006	−0.008
	(0.062)	(0.051)	(0.043)	(0.039)
_ *Cons*	5.265***	5.232***	5.365***	5.932***
	(0.166)	(0.163)	(0.152)	(0.116)
N	1187	1314	1366	1422
F	3.782	5.003	3.508	0.599

注：1. *、**、*** 分别表示在10%、5%、1%的水平上显著。

　　2. "1. Region"表示东部地区，"2. Region"表示中部地区，"3. Region"表示西部地区，"4. Region"表示东北地区，这四个变量均是地区哑变量。

我们发现，耕地面积对 TFP 产生了显著的负向影响。但是随着土地规模的扩大，这一负向影响先变大，后逐渐变小。而列（4）的结果中，这种负面影响就不显著了。这说明，我们目前的生产要素投入组合的效率并不高，但是随着土地规模的扩大，生产经营方式逐渐趋向现代化和规模化，TFP 在逐渐改善。

从水稻种植利润的角度来考察水稻生产中的规模经济，回归结果如表 4－14 所示。

表 4－14　　　　　水稻生产中的规模经济：利润与规模

	（1）	（2）	（3）	（4）	（5）
	总体	东部地区	中部地区	西部地区	东北地区
规模经济	1.156	1.293	1.141	1.164	1.196
	$\ln R$	$\ln R$	$\ln R$	$\ln R$	$\ln R$
$\ln Land$	0.818 ***	0.981 ***	0.785 ***	0.981 ***	0.973 ***
	（0.040）	（0.136）	（0.050）	（0.091）	（0.178）
$\ln Labor$	0.404 ***	0.286 ***	0.474 ***	0.364 ***	0.223 **
	（0.016）	（0.032）	（0.024）	（0.029）	（0.105）
$\ln Pcap$	−0.077 **	−0.146	−0.118 ***	−0.181 **	−0.055
	（0.034）	（0.120）	（0.042）	（0.080）	（0.144）
$\ln Etcap$	0.011 *	0.026 **	0.002	−0.003	−0.034
	（0.006）	（0.012）	（0.009）	（0.016）	（0.023）
Exp	0.022 ***	0.023 *	0.025 ***	0.021 *	−0.011
	（0.006）	（0.012）	（0.009）	（0.012）	（0.036）
Exp^2	−0.000 ***	−0.000 *	−0.000 ***	−0.000 *	0.000
	（0.000）	（0.000）	（0.000）	（0.000）	（0.000）
_ $Cons$	6.812 ***	7.098 ***	7.096 ***	7.341 ***	7.393 ***
	（0.243）	（0.723）	（0.321）	（0.551）	（1.162）
N	1422	285	692	381	64
F	1126.336	312.471	530.659	151.541	56.058

注：*、**、*** 分别表示在 10%、5%、1% 的水平上显著。

耕地的作用显著且对水稻种植利润的弹性最大，表明土地仍然是最为重要的生产资料。劳动投入对水稻利润影响显著且弹性为正。物质资本对水稻利润的弹性显著为负。另外，农户特征变量户主生产经验（Exp_i）显著且系数为正值，而户主年龄平方（Exp_i^2）显著且系数为负值。也就是说，户主生产经验越丰富的农户，粮食利润越高，但利润增加的幅度趋于减小，符合边际报酬递减规律。

回归结果表明，土地、劳动、物质资本、其他流动资本的产出弹性分别为 0.818、0.404、−0.077、0.011，规模报酬系数为 1.156。通过联合假设检验对规模报酬不变的原假设进行 Wald 检验，其 F 统计量为 1126.3，在 1% 的显著性水平上拒绝原假设。因此，总体上可以判断，水稻利润存在显著的规模报酬递增现象。也就是说，当土地、劳动、物质资本和其他流动资本各项生产要素的投入都增加 1 倍时，水稻利润的增加大于 1 倍。

分地区的结果表明，从利润的角度看，东部地区的规模经济效益最大（1.293），其次是东北地区（1.196），然后是西部地区（1.164），最后是中部地区（1.141）。将这四个区域的规模经济效益与平均耕地面积进行一个简单的线性拟合，数据表明，水稻利润的规模经济效益的大小与经营规模存在微弱的正相关关系（图 4 − 4）。

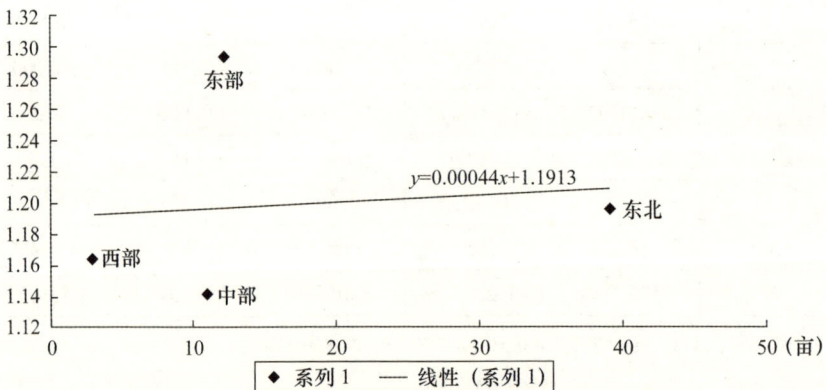

图 4 − 4　水稻利润的规模经济系数与经营规模正相关

三、小麦种植的规模经济

（一）小麦种植规模经济的统计性描述

此次农户调查小麦种植户有效问卷为 1152 份，其中东部、中部、西部地区的样本数量分别为 257 户、621 户、274 户，分别占样本总数的 22.3%、53.9%、23.8%，东北地区没有小麦种植户的样本。

样本农户小麦生产的成本利润率均值为 124%，其中东部地区 121%，中部地区 123%，西部地区 128%（表4-15）。

表4-15 各地区小麦生产的现状：样本均值

变　量	总　体	东　部	中　部	西　部
户均小麦产量（斤）	19110	29830	21850	2845
户均小麦利润（元）	8080	9982	10111	1694
成本利润率（%）	124	121	123	128
种植面积（亩）	21.16	29.62	24.92	4.71
小麦单产（斤/亩）	718	845.5	734.2	563.1
亩均利润（元/亩）	371	418	380	306
有效劳动（人）	0.61	0.51	0.73	0.44
物质费用（元）	9336	12877	11463	1191
其他流动资本（元）	3601	9908	2557	49.41
户主年龄（岁）	50.36	51.09	50.71	48.85
户主受教育程度（年）	6.50	5.69	6.82	6.54

样本农户小麦种植面积存在一定的差异，小麦种植面积平均为 21.16 亩，其中，最低的为 0.5 亩，最高的为 3500 亩。东部地区平均种植面积为 29.62 亩，中部地区平均种植面积为 24.92 亩，西部地区平均种植面积为 4.705 亩。样本农户平均小麦单产为 718.3 斤/亩，亩均利润 370.7 元，亩均物质费用为 307.6 元，亩均雇工和土地转入费

用为27.9元。从农户特征变量来看，样本农户户主平均年龄为50.36岁，户主年龄在50岁以上的农户占49.47%；样本农户户主受教育年限平均为6.50年，户主初中及以下文化程度的农户占86.6%。我国的小麦种植面临着劳动力老龄化和受教育程度低的问题。

数据表明，样本中92%的小麦种植户的经营规模在50亩以下。随着经营规模的扩大，小麦单产水平大致呈现先升后降的"倒U"形变化。当农户经营规模为50~100亩时，单产分别达到934斤/亩的高峰值。小麦种植户亩均利润随着经营规模的扩大，也大致呈现先升后降的"倒U"形变化趋向。当农户经营规模为50~100亩时，亩均利润分别达到489元/亩的高峰值。通过比较亩产和亩均利润的总体变化趋势发现，与经营规模在0~50亩的农户相比，200亩以上的小麦种植户尽管单产有所增加，增产180斤/亩，但是亩均利润却明显下降，减少13元/亩，增产不增收（表4-16）。

表4-16　　　　　　小麦适度规模经营的产出和利润比较

规模组别	样本量（户）	亩均产量（斤）	亩均利润（元）	劳均利润（元）	成本利润率（%）
0~50亩	1060	702	363	2384	125
50~100亩	62	934	489	36327	118
100~150亩	15	850	425	55035	91
150~200亩	6	833	404	76646	101
200亩以上	9	882	350	360364	72

从户均小麦种植利润来看，当农户经营规模达到100~150亩、150~200亩、200亩以上时，户均小麦种植利润分别达到55035元、76646元、360364元。按照黄淮冬麦区受访农户户均4.2人，其中户均外出务工人员0.8人，户均务农人员3.4人计算，在家务农人员人均小麦种植利润分别为16187元、22543元、105989元。根据国家统

计局《2013 年全国农民工监测调查报告》数据，外出农民工年人均纯收入 20604 元。由此可见，当农户经营规模达到 150～200 亩时，务农人员人均小麦种植纯收入基本接近农民工工资性收入水平。也就是说，在家务农收入与外出务工收入大致相当。

随着农户小麦生产规模的扩大，成本利润率却出现大幅下降的趋势。当农户经营规模在 0～50 亩时，小麦生产成本利润率最高为 125%，而当经营规模扩大到 100～150 亩时，成本利润率下降到 91%，当继续扩大到 200 亩以上时，成本利润率已经下降到 72%。

总体来看，权衡小麦种植产出最大化和利润最大化双重目标，同时统筹考量务农和务工收入关系，小麦种植的适度规模大致应为 50～100 亩，这与目前该地区户均经营耕地面积 21.16 亩的状况相比，需要转出近 6 成的农业劳动力。这一适度规模可能是未来相当长的一个时期内的发展目标，不可能一蹴而就，需要循序渐进。

（二）小麦种植规模经济的回归分析

我们采用 C－D 生产函数来估计小麦种植的生产函数，考察土地、资本、劳动力等投入要素的产出弹性，进而计算其是否存在规模经济。

耕地的作用显著且对小麦产出的弹性最大，本书测算得出的土地产出弹性为 0.464。土地仍然是最为重要的生产资料。另外，回归结果表明，农户的生产经验（Exp_i）对小麦产量的影响不显著。对于小麦生产而言，户主生产经验技能、高龄化趋势以及受教育程度等因素，是否能够显著促进或阻碍现代农业的发展，尚需要进一步验证。

由表 4－17 可知，经测算得到土地、劳动、物质资本、其他流动资本的产出弹性分别为 0.464、0.179、0.420、0.042，规模报酬系数为 1.105。通过联合假设检验对规模报酬不变的原假设进行了 Wald 检验，其 F 统计量为 4671.5，在 1% 的显著性水平上拒绝原假设。因此，总体上可以判断，我国的小麦生产存在显著的规模报酬递增现象。当土地、劳动、物质资本和其他流动资本各项生产要素的投入都增加1倍时，产出的增加大于1倍。

表4-17　　　　　　　　小麦种植中的规模经济：产量与规模

	(1)	(2)	(3)	(4)
	总　体	东部地区	中部地区	西部地区
规模经济	1.105	1.097	1.133	1.046
	$\ln Y$	$\ln Y$	$\ln Y$	$\ln Y$
$\ln Land$	0.464***	0.815***	0.549***	0.128***
	(0.022)	(0.040)	(0.028)	(0.048)
$\ln Labor$	0.179***	0.106***	0.202***	0.192***
	(0.008)	(0.013)	(0.010)	(0.014)
$\ln Pcap$	0.420***	0.160***	0.353***	0.655***
	(0.018)	(0.035)	(0.023)	(0.042)
$\ln Etcap$	0.042***	0.016***	0.029***	0.071***
	(0.004)	(0.006)	(0.005)	(0.011)
Exp	0.002	-0.000	0.004	-0.005
	(0.004)	(0.007)	(0.005)	(0.007)
Exp^2	-0.000	0.000	-0.000	0.000
	(0.000)	(0.000)	(0.000)	(0.000)
_Cons	4.423***	5.901***	4.813***	3.346***
	(0.137)	(0.265)	(0.171)	(0.300)
N	1150	256	621	273
F	4261.498	1960.102	2505.942	503.371

注：*、**、***分别表示在10%、5%、1%的水平上显著。

分地区的结果表明，从小麦产出的角度看，中部地区的规模经济效益最大（1.133），其次是东部地区（1.097），然后是西部地区（1.046）。将这三个区域的规模经济效益（纵轴）与平均耕地面积（横轴）进行一个简单的线性拟合，图像表明，小麦产出的规模经济效益的大小与经营规模正相关（图 4 - 5）。

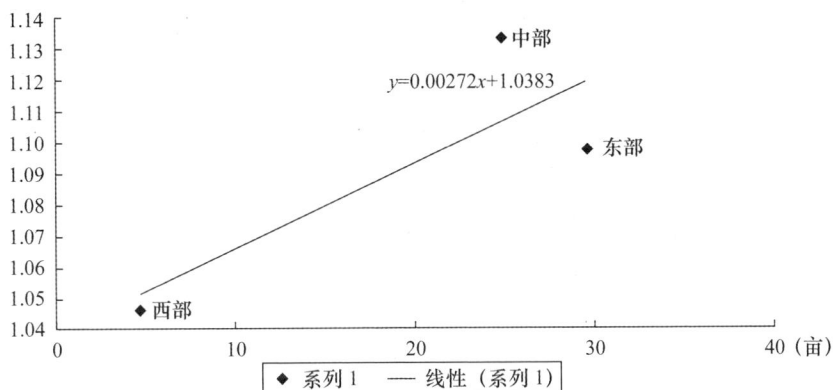

图 4 - 5　小麦种植的规模经济系数与经营规模正相关

根据估计出的土地、劳动力等要素的产出弹性系数，我们计算出小麦种植的 TFP，并进一步考察不同地区（表 4 - 18）、不同种植规模下小麦种植的 TFP 水平（表 4 - 19）。

表 4 - 18　　　　　　　　各区域小麦种植的 TFP

TFP	样本量	均　值	方　差	最小值	最大值
东　部	256	4.54	0.27	3.86	5.75
中　部	621	4.42	0.29	3.18	6.80
西　部	273	4.33	0.31	3.67	5.10
总　体	1150	4.42	0.30	3.18	6.80

表 4 - 19　　　　　　　不同种植规模小麦种植的 TFP

TFP	样本量	均　值	方　差	最小值	最大值
0 ~ 50 亩	1060	4.42	0.30	3.18	6.80
50 ~ 100 亩	62	4.42	0.29	4.02	5.75
100 ~ 150 亩	15	4.41	0.25	3.92	4.80
150 ~ 200 亩	6	4.45	0.24	4.23	4.83
200 亩以上	9	4.42	0.18	4.06	4.64

数据表明，东部地区小麦种植的 TFP 水平最高，然后是中部地区，最后是西部地区。另外，耕地规模在 150 ~ 200 亩的区间时，小麦

种植的 TFP 最高。

最后，我们来探索一下小麦种植的 TFP 可能的影响因素，结果如表 4 – 20 所示。

表 4 – 20　　　　不同种植规模小麦种植的 **TFP** 的影响因素分析

耕地面积	<10 亩	<20 亩	<50 亩	全样本
	(1)	(2)	(3)	(4)
	TFP	TFP	TFP	TFP
$\ln Land$	– 0.022	– 0.000	– 0.000	0.047**
	(0.027)	(0.025)	(0.025)	(0.022)
$\ln Labor$	0.008	0.004	0.003	– 0.001
	(0.008)	(0.008)	(0.008)	(0.007)
$\ln Pcap$	0.005	– 0.004	– 0.006	– 0.042**
	(0.021)	(0.021)	(0.020)	(0.018)
$\ln Etcap$	0.004	– 0.001	– 0.005	– 0.007**
	(0.005)	(0.005)	(0.004)	(0.004)
Exp	– 0.003	– 0.002	– 0.002	– 0.002
	(0.004)	(0.004)	(0.004)	(0.004)
Exp^2	0.000	0.000	0.000	0.000
	(0.000)	(0.000)	(0.000)	(0.000)
1. $Region$	0.000	0.000	0.000	0.000
	(.)	(.)	(.)	(.)
2. $Region$	– 0.140***	– 0.137***	– 0.136***	– 0.140***
	(0.027)	(0.025)	(0.024)	(0.022)
3. $Region$	– 0.220***	– 0.231***	– 0.231***	– 0.240***
	(0.030)	(0.029)	(0.028)	(0.027)
_ $Cons$	4.648***	4.654***	4.659***	4.845***
	(0.158)	(0.153)	(0.150)	(0.140)
N	944	1029	1058	1150
F	8.117	9.113	9.165	10.120

注：*、**、***分别表示在 10%、5%、1% 的水平上显著。

列（4）的结果表明，耕地面积对 TFP 产生了显著的正影响。这说明，随着土地规模的扩大，生产经营方式逐渐趋向现代化和规模化，TFP 在逐渐改善。

从种植利润的角度来考察小麦生产中的规模经济，回归结果如表 4－21 所示。

表 4－21　　　　　　　　小麦生产中的规模经济：利润与规模

	（1）	（2）	（3）	（4）
	总　体	东部地区	中部地区	西部地区
规模经济	1.253	1.412	1.300	0.835
	$\ln R$	$\ln R$	$\ln R$	$\ln R$
$\ln Land$	0.522 ***	0.886 ***	0.566 ***	0.148
	(0.044)	(0.078)	(0.057)	(0.115)
$\ln Labor$	0.511 ***	0.526 ***	0.489 ***	0.566 ***
	(0.016)	(0.031)	(0.021)	(0.034)
$\ln Pcap$	0.202 ***	− 0.092	0.245 ***	0.269 ***
	(0.036)	(0.061)	(0.047)	(0.101)
$\ln Etcap$	0.018 **	− 0.015	− 0.006	− 0.005
	(0.008)	(0.014)	(0.010)	(0.027)
Exp	0.006	0.008	0.001	− 0.001
	(0.008)	(0.018)	(0.010)	(0.017)
Exp^2	− 0.000	− 0.000	− 0.000	0.000
	(0.000)	(0.000)	(0.000)	(0.000)
_ Cons	5.477 ***	7.232 ***	5.240 ***	5.634 ***
	(0.275)	(0.549)	(0.344)	(0.715)
N	1151	257	621	273
F	1111.778	366.523	699.245	128.033

注：*、**、*** 分别表示在 10%、5%、1% 的水平上显著。

耕地的作用显著且对小麦利润的弹性最大，为 0.522。土地仍然是最为重要的生产资料。另外，回归结果表明，农户的生产经验

（Exp_i）对小麦利润的影响不显著。

经测算得到土地、劳动、物质资本、其他流动资本的产出弹性分别为 0.522、0.511、0.202、0.018，规模报酬系数为 1.105。通过联合假设检验对规模报酬不变的原假设进行了 Wald 检验，其 F 统计量为 1111.8，在 1% 的显著性水平上拒绝原假设。因此，总体上可以判断，我国的小麦利润存在显著的规模报酬递增现象。当土地、劳动、物质资本和其他流动资本各项生产要素的投入都增加 1 倍时，利润的增加大于 1 倍。

分地区的结果表明，从小麦利润的角度看，东部地区的规模经济效益最大（1.412），其次是中部地区（1.300），西部地区甚至表现出了利润的规模不经济（0.835）。将这三个区域的规模经济效益（纵轴）与平均耕地面积（横轴）进行一个简单的线性拟合，图像表明，小麦利润的规模经济效益的大小与经营规模正相关（图 4-6）。

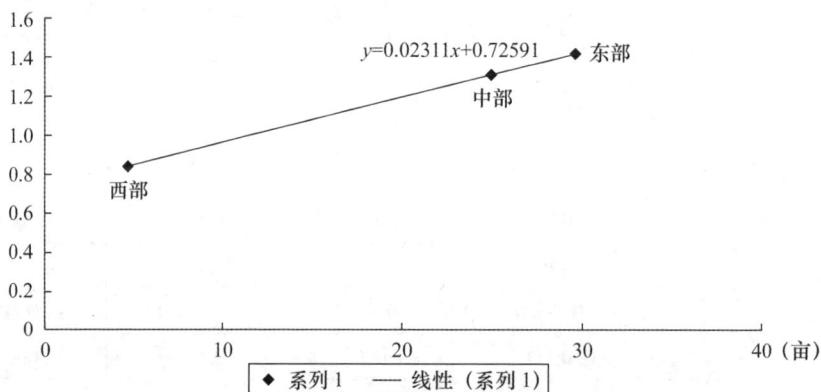

图 4-6　小麦利润的规模经济系数与经营规模正相关

四、玉米种植的规模经济

（一）玉米种植规模经济的统计性描述

问卷中玉米种植的样本有 1884 户，其中东部地区、中部地区和西部地区和东北地区样本数量分别为 211 户、902 户、554 户和 217 户，分别占样本总数的 11.20%、47.88%、29.41% 和 11.52%。

样本农户玉米生产的成本利润率均值为 281%。其中，东部地区 234%，中部地区 301%，西部地区 310%，东北地区 170%（表 4 – 22）。

表 4 – 22　　　　　　各地区玉米生产的现状：样本均值

变　量	总　体	东　部	中　部	西　部	东　北
户均玉米产量（斤）	14995	15813	15784	2157	43697
户均玉米利润（元）	6837	8963	7214	1810	16031
成本利润率（%）	281	234	301	310	170
种植面积（亩）	15.74	15.30	17.37	3.23	41.30
玉米单产（斤/亩）	788	923	801	648	964
亩均利润（元/亩）	605	679	634	584	468
有效劳动（人）	0.91	0.73	0.93	0.61	1.77
物质费用（元）	5598	4956	7452	208	12282
其他流动资本（元）	1709	2851	1581	58	5340
户主年龄（岁）	50.60	51.64	51.42	50.08	47.51
户主受教育程度（年）	6.37	5.63	6.75	6.14	6.05

样本农户玉米种植面积存在较大的差异，玉米种植面积平均为 15.74 亩。其中，最低的为 0.5 亩，最高的为 3260 亩。样本农户平均玉米单产为 788 斤/亩，亩均利润 605 元，亩均物质费用为 99.71 元，亩均雇工和土地转入费用为 29.89 元。从农户特征变量来看，样本农户户主平均年龄为 50.60 岁，户主年龄在 50 岁以上的农户占 50.69%；样本农户户主受教育年限平均为 6.37 年，户主初中及以下文化程度的农户占 88.16%。我国的玉米种植面临着劳动力老龄化和受教育程度低的问题。

根据玉米种植户亩均产量和亩均利润的比较可见，玉米种植户单产水平随着经营规模的扩大，大致呈现先升后降的"倒 U"形关系，

表 4 – 23   玉米适度规模经营的产出和利润比较

规模组别	样本量 （户）	亩均产量 （斤）	亩均利润 （元）	户均利润 （元）	成本利润率 （％）
0 ~ 50 亩	1755	772	618	3469	294
50 ~ 100 亩	86	992	452	32757	113
100 ~ 150 亩	22	1083	445	55069	100
150 ~ 200 亩	10	963	336	62563	80
200 亩以上	11	980	351	194413	73

当农户经营规模为 50 ~ 100 亩、100 ~ 150 亩时，单产分别达到 992 斤/亩、1083 斤/亩。玉米种植户亩均利润随着经营规模的扩大，呈现递减的态势。当农户经营规模在 0 ~ 50 亩时亩均利润为 618 元/亩，在 100 ~ 150 亩时亩均利润为 445 元/亩，在 200 亩以上时亩均利润为 351 元/亩。与经营规模在 0 ~ 50 亩的农户相比，200 亩以上的玉米种植户尽管单产有较大幅度增加，增产 208 斤/亩，增加了 26.9%，但是亩均利润却出现更为大幅的下降，减少 267 元/亩，减少了 43.2%，增产不增收。

从户均玉米种植利润来看，当农户经营规模达到 100 ~ 150 亩、150 ~ 200 亩、200 亩以上时，户均玉米种植利润分别达到 55068 元、62563 元、194413 元。按照东北玉米区受访农户户均 3.7 人，其中户均外出务工人员 0.4 人、户均务农人员 3.3 人计算，在家务农人员人均玉米种植利润分别为 16687 元、18959 元、58913 元。根据国家统计局《2013 年全国农民工监测调查报告》数据测算，外出农民工年人均纯收入 20604 元（外出农民工人均月收入 2609 元，人均月消费支出 892 元）。由此可见，当农户经营规模达到 150 ~ 200 亩时，务农人员人均玉米种植纯收入基本接近农民工工资性收入水平，在家务农收入与外出务工收入大致相当。

随着农户玉米生产规模的扩大，成本利润率出现大幅下降的趋势。当农户经营规模在 0～50 亩时，玉米生产成本利润率最高，为294%，而当经营规模扩大到 100～150 亩时，成本利润率下降到100%，当继续扩大到 200 亩以上时，成本利润率已经下降到73%。

总体来看，权衡玉米种植产出最大化和利润最大化双重目标，同时统筹考量务农和务工收入关系，玉米种植的适度规模应在 150 亩左右，这与目前该地区户均经营耕地面积 15.74 亩的状况相比，需要转出近 9 成的农业劳动力，任务之艰巨不言而喻。

（二）玉米种植规模经济的回归分析

我们采用 C－D 生产函数来估计玉米种植的生产函数，考察土地、资本、劳动力等投入要素的产出弹性，进而计算其是否存在规模经济。

表 4－24　　　　　　　玉米种植中的规模经济：产量与规模

	（1）	（2）	（3）	（4）	（5）
	总　体	东部地区	中部地区	西部地区	东北地区
规模经济	1.130	1.043	1.129	1.106	1.102
	$\ln Y$	$\ln Y$	$\ln Y$	$\ln Y$	$\ln Y$
$\ln Land$	0.883 ***	1.024 ***	0.910 ***	0.803 ***	0.828 ***
	(0.014)	(0.025)	(0.017)	(0.034)	(0.043)
$\ln Labor$	0.182 ***	0.026	0.174 ***	0.220 ***	0.210 ***
	(0.011)	(0.019)	(0.013)	(0.023)	(0.033)
$\ln Pcap$	0.039 ***	0.019 ***	0.032 ***	0.042 ***	0.028 **
	(0.004)	(0.007)	(0.005)	(0.012)	(0.011)
$\ln Etcap$	0.026 ***	-0.002	0.013 **	0.041 ***	0.036 ***
	(0.004)	(0.008)	(0.005)	(0.016)	(0.007)
Exp	0.012 ***	-0.003	0.001	0.011	0.013
	(0.004)	(0.008)	(0.005)	(0.008)	(0.012)
Exp^2	-0.000 ***	0.000	-0.000	-0.000	-0.000
	(0.000)	(0.000)	(0.000)	(0.000)	(0.000)

续表

	（1）	（2）	（3）	（4）	（5）
	总　体	东部地区	中部地区	西部地区	东北地区
_Cons	6.458 ***	6.762 ***	6.780 ***	6.392 ***	6.667 ***
	(0.089)	(0.186)	(0.124)	(0.171)	(0.256)
N	1883	211	902	553	217
F	4134.546	1788.107	2208.670	265.528	420.199

注：*、**、***分别表示在10%、5%、1%的水平上显著。

耕地的作用显著且对玉米产出的弹性最大，为0.883。土地仍然是最为重要的生产资料。劳动投入对玉米产出影响显著且弹性为正。另外，农户特征变量户主生产经验（Exp_i）显著且系数为正值，而户主年龄平方（Exp_i^2）显著且系数为负值。也就是说，生产经验越丰富的农户，玉米产出水平越高，但产出增加的幅度趋于减小，符合边际报酬递减规律。

回归结果表明，土地、劳动、物质资本、其他流动资本的产出弹性分别为0.883、0.182、0.039、0.026，规模报酬系数为1.130。通过联合假设检验对规模报酬不变的原假设进行了Wald检验，其F统计量为4134.5，在1%的显著性水平上拒绝原假设。因此，总体上可以判断，粮食生产存在显著的规模报酬递增现象。也就是说，当土地、劳动、物质资本和其他流动资本各项生产要素的投入都增加1倍时，产出的增加大于1倍。

分地区的结果表明，从产出的角度看，中部地区的规模经济效益最大（1.129），其次是西部地区（1.106），然后是东北地区（1.102），最后是东部地区（1.043）。将这四个区域的规模经济效益与平均耕地面积进行一个简单的线性拟合，数据表明，玉米产出的规模经济效益的大小与经营规模存在微弱的正相关（图4-7）。

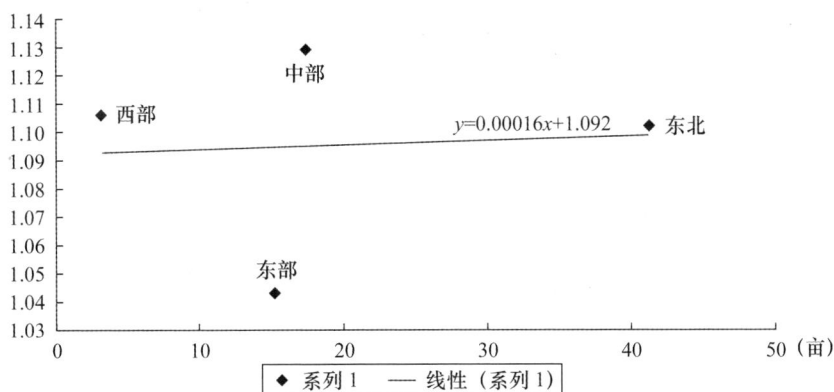

图 4 - 7　玉米种植的规模经济系数与经营规模正相关

根据估计出的土地、劳动力等要素的产出弹性系数，我们计算出玉米种植的 TFP，并进一步考察不同地区（表 4 - 25）、不同种植规模下玉米种植的 TFP 水平（表 4 - 26）。

表 4 - 25　　　　　　　　　各区域玉米种植的 TFP

TFP	样本量	均　值	方　差	最小值	最大值
东　部	211	6.63	0.27	5.74	7.46
中　部	902	6.50	0.34	4.95	7.30
西　部	553	6.32	0.49	4.54	7.63
东　北	217	6.49	0.37	4.85	7.33
总　体	1883	6.46	0.40	4.54	7.63

表 4 - 26　　　　　　　　不同种植规模玉米种植的 TFP

TFP	样本量	均　值	方　差	最小值	最大值
0 ~ 50 亩	1755	6.46	0.41	4.54	7.63
50 ~ 100 亩	86	6.42	0.29	5.51	7.05
100 ~ 150 亩	22	6.50	0.26	5.86	6.91
150 ~ 200 亩	10	6.40	0.28	5.98	6.68
200 亩以上	11	6.49	0.28	6.07	7.07

数据表明，东部地区玉米种植的 TFP 水平最高，接着是中部地

区，然后是东北地区，最后是西部地区。另外，耕地规模在100～150
亩的区间时，玉米种植的 TFP 最高。

最后，我们来探索一下玉米种植的 TFP 可能的影响因素，结果见
表4－27。

表4－27　　　不同种植规模玉米生产的 TFP 的影响因素分析

耕地面积	<10 亩	<20 亩	<50 亩	全样本
	(1)	(2)	(3)	(4)
	TFP	TFP	TFP	TFP
lnLand	−0.014	−0.016	−0.013	−0.010
	(0.018)	(0.018)	(0.016)	(0.014)
lnLabor	0.004	0.002	0.002	−0.004
	(0.012)	(0.012)	(0.011)	(0.010)
lnPcap	0.002	−0.001	−0.003	−0.005
	(0.005)	(0.005)	(0.004)	(0.004)
lnEtcap	−0.017 ***	−0.012 **	−0.006	−0.003
	(0.007)	(0.006)	(0.005)	(0.004)
Exp	−0.002	−0.004	−0.005	−0.004
	(0.004)	(0.004)	(0.004)	(0.004)
Exp^2	0.000	0.000	0.000	0.000
	(0.000)	(0.000)	(0.000)	(0.000)
1. Region	0.000	0.000	0.000	0.000
	(.)	(.)	(.)	(.)
2. Region	−0.184 ***	−0.177 ***	−0.168 ***	−0.150 ***
	(0.036)	(0.034)	(0.033)	(0.031)
3. Region	−0.365 ***	−0.368 ***	−0.364 ***	−0.350 ***
	(0.037)	(0.036)	(0.034)	(0.033)
4. Region	−0.064	−0.107 **	−0.123 ***	−0.114 ***
	(0.064)	(0.053)	(0.046)	(0.040)
_Cons	6.762 ***	6.792 ***	6.810 ***	6.778 ***
	(0.104)	(0.100)	(0.096)	(0.092)

续表

耕地面积	<10 亩	<20 亩	<50 亩	全样本
	（1）	（2）	（3）	（4）
	TFP	*TFP*	*TFP*	*TFP*
N	1547	1649	1754	1883
F	14.480	15.320	15.710	15.834

注：*、**、*** 分别表示在10%、5%、1%的水平上显著。

结果表明，耕地面积对 TFP 无影响。这说明，玉米的生产经营方式已经比较标准化了，TFP 与耕地规模无关。

从种植利润的角度来考察玉米生产中的规模经济，回归结果见表4-28。

表 4-28　　　　　　　　玉米种植中的规模经济：利润与规模

	（1）	（2）	（3）	（4）	（5）
	总　体	东部地区	中部地区	西部地区	东北地区
规模经济	1.049	1.067	1.088	1.053	1.046
	ln$R$	ln$R$	ln$R$	ln$R$	ln$R$
ln$Land$	0.828 ***	0.990 ***	0.920 ***	0.773 ***	0.650 ***
	（0.017）	（0.043）	（0.021）	（0.035）	（0.062）
ln$Labor$	0.242 ***	0.137 ***	0.205 ***	0.276 ***	0.426 ***
	（0.013）	（0.034）	（0.016）	（0.024）	（0.048）
ln$Pcap$	-0.021 ***	-0.033 **	-0.023 ***	-0.028 **	-0.030 *
	（0.005）	（0.013）	（0.006）	（0.012）	（0.016）
ln$Etcap$	0.005	-0.027 **	-0.014 **	0.032 **	0.012
	（0.005）	（0.013）	（0.007）	（0.016）	（0.011）
Exp	0.016 ***	0.010	0.001	0.012	0.022
	（0.005）	（0.014）	（0.006）	（0.008）	（0.017）
Exp^2	-0.000 ***	-0.000	-0.000	-0.000	-0.000
	（0.000）	（0.000）	（0.000）	（0.000）	（0.000）
_ $Cons$	6.398 ***	6.521 ***	6.696 ***	6.431 ***	6.693 ***
	（0.107）	（0.327）	（0.150）	（0.179）	（0.374）

	（1） 总　体	（2） 东部地区	（3） 中部地区	（4） 西部地区	（5） 东北地区
N	1883	211	902	553	217
F	2002.702	434.510	1140.287	212.807	119.847

注：*、**、***分别表示在10%、5%、1%的水平上显著。

耕地的作用显著且对玉米利润的弹性最大，为0.828。土地仍然是最为重要的生产资料。劳动投入对玉米利润影响显著且弹性为正，为0.242。另外，农户特征变量户主生产经验（Exp_i）显著且系数为正值，而户主年龄平方（Exp_i^2）显著且系数为负值，符合边际报酬递减规律。

回归结果表明，土地、劳动、物质资本对利润的弹性分别为0.828、0.242、-0.021，规模报酬系数为1.049。通过联合假设检验对规模报酬不变的原假设进行了Wald检验，其F统计量为2002.7，在1%的显著性水平上拒绝原假设。因此，总体上可以判断，玉米种植的利润存在规模报酬递增，当土地、劳动、物质资本和其他流动资本各项生产要素的投入都增加1倍时，玉米利润的增加大于1倍。

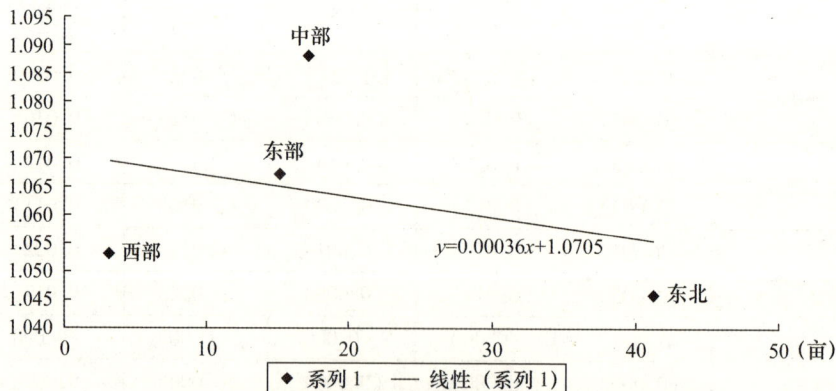

图4-8　玉米利润的规模经济系数与经营规模负相关

分地区的结果表明，从利润的角度看，中部地区的规模经济效益最大（1.088），其次是东部地区（1.067），然后是西部地区（1.053），最后是东北地区（1.046）。将这四个区域的规模经济效益与平均耕地面积进行一个简单的线性拟合，数据表明，玉米利润的规模经济效益的大小与经营规模存在微弱的负相关（图4-8）。

五、规模经营与复种指数

表3-5显示，被调查农户的复种指数均值为1.57。我国人口多、耕地少，因地制宜地提高复种指数，是扩大作物播种面积、挖掘耕地利用潜力和提高农作物总产量的有效途径。复种指数的高低受当地热量、土壤、水分、肥料、劳力和科学技术水平等条件的制约。热量条件好、无霜期长、总积温高、水分充足是提高复种指数的基础。经济发达和农业科学技术水平高，也为复种指数的提高创造了条件。我国南方水热条件好，耕地利用率高，浙江、福建、江西、湖北、湖南、广东等省复种指数均在200%以上。提高复种指数，对发展农业生产、增加产量具有重要作用。目前我国复种的耕地面积约占全国耕地面积的1/2，复种的播种面积占总播种面积的1/2。复种种类主要的有稻—稻—麦（油菜）、小麦—玉米、小麦—棉花、小麦—甘薯等。近几年四川、福建、湖北、湖南、贵州、云南等省发展了小麦—水稻—再生稻种植方式，充分利用了光、热、水、气等自然资源。

复种指数与作物熟制有一定关系。中国复种指数从1952年的130.9%提高到1987年的151.2%。谢花林、刘桂英（2015）指出，1998~2012年，中国耕地复种指数稳步上升，由1998年的120.10%上升到2006年的128.94%，7年间增加了8.84%，年均增加0.98%，2007年下降到126.06%，2012年又增加到134.26%。全国各类地区复种指数大致为：五岭以南 200% 左右；五岭以北，长江以南地区 180%~200%；长江以北，黄河、秦岭、白龙江以南地区为 150%~180%；黄河、秦岭、白龙江以北，长城以南地区 120%~150%；长城以北地区，除部分旗、县外，大部在 100% 以下。

六、小结及政策启示

本章基于粮食种植以及水稻、小麦和玉米三大主粮的种植户调查数据，通过对相关变量的统计分析和对产出和利润的回归分析，对当前农业的适度规模经营及其影响因素做了比较系统的探究。根据分析结果，可以得出以下几个比较重要的结论。

一是在粮食种植的产出水平或者规模效益的目标导向下，理论上都存在经营规模的适度性问题。随着农户经营面积的扩大，当规模达到一定程度之后，农户粮食（水稻、小麦、玉米）单产水平会出现较为明显的下降趋势。虽然在现阶段，过度分散的农业超小规模经营并不适应农业现代化的要求，迫切需要促进土地流转，推进规模经营，但经营规模绝不是越大越好，要特别注意把握好规模的度。

二是粮食（水稻、小麦、玉米）生产在统计上均存在显著的规模报酬递增现象，在不同的地区，土地、资本和劳动等要素的产出弹性均不相同，规模经济效益的大小存在地区性差异（表4-29）。

比较粮食生产和利润的规模报酬系数可以发现，总体而言，粮食利润的规模报酬系数更大。这表明，通过规模经营不但能够达到粮食增产的目的，还能有效地节约成本。水稻、小麦的规模经营也能实现成本的节约，从而使得利润的规模报酬系数大于种植的规模报酬系数。

表4-29 粮食生产和利润的规模经济：区域差异

	总 体	东 部	中 部	西 部	东 北
粮食生产	1.08	1.06	1.07	0.99	1.17
粮食利润	1.11	1.11	1.14	1.05	1.10
水稻种植	1.04	1.04	1.03	1.03	0.88
水稻利润	1.16	1.29	1.14	1.16	1.20
小麦种植	1.11	1.10	1.13	1.05	NA
小麦利润	1.25	1.41	1.30	0.84	NA
玉米种植	1.13	1.04	1.13	1.11	1.10
玉米利润	1.05	1.07	1.09	1.05	1.05

三是权衡粮食（水稻、小麦、玉米）种植产出最大化和利润最大化双重目标，同时兼顾到务农和务工收入的关系，农户粮食（水稻、小麦、玉米）种植的适度规模应以100~200亩为宜，但是不同地域和品种之间存在不同程度的差异性。具体来看，受访农户粮食种植的适度规模应为150~200亩，水稻种植的适度规模应为100亩左右，小麦种植的适度规模应为100亩左右，玉米种植的适度规模大致应为150亩左右。从土地资源禀赋看，按照推进规模化经营的适宜程度排序依次为东北、中部、东部、西部地区。东北地区土地资源丰富，在现阶段随着非农产业的不断发展和农业劳动力的逐步转移，将是最先实现较为理想的适度规模经营目标的地区。

需要强调的是，推进适度规模经营绝不是一朝一夕所能完成的。即使作为条件较为成熟的东北地区，就当前的现实状况而言，依然需要转出半数以上的农业劳动力，任务依然艰巨。必须遵循经济社会发展规律，因地制宜，积极发展第二、第三产业吸纳就业，不能搞"一刀切"的行政命令。

四是劳动的产出弹性为正，说明随着农村富余劳动力大规模外出务工或在本地从事非农产业，我国农业的人口红利正在逐步消失。因此，要加快农业新技术的研发和推广应用，推动我国农业从劳动密集型的传统农业向现代农业转型。

五是从实证分析结果来看，户主的生产经验对产出的弹性很小，且边际报酬递减。虽然目前农业劳动力面临着老龄化的问题，新生代农民从事农业生产劳动的经验和技能不足，但现阶段并不必太过担忧农业劳动力老龄化的问题。当然，必须正视农业劳动力素质不高这一现实，积极培育新型经营主体，发挥人力资本在现代农业中的重要作用。

第五章

当前我国农业生产的适度规模测算

一、我国农业规模经济的现状

——文献综述

发展农业适度规模经营，既是顺应经济社会发展规律的自觉选择，也是改造提升传统农业的必由之路。我国传统的粮食生产经营模式面临着粮食生产规模效益长期偏低、农业生产呈现高龄化、种粮农户主要劳动力受教育水平较低等诸多挑战，为避免工农业严重失调和农业萎缩，必须实现由小规模均田制格局向适度规模经营的转变（韩俊，1998）。新型经营主体通过土地规模化经营，从传统的劳动密集型的生产方式转向土地和资本密集型的生产方式，并以资本深化带动全要素生产率的提升，是提升农业竞争力、实现农业可持续发展的有力支撑。

随着农村劳动力持续向非农产业和城市转移就业，农村土地流转加快，粮食规模经营呈明显增加趋势。据统计，截至 2011 年年底，全国农村土地流转比例已经达到 17.8%，上海、苏南等发达地区更是达到 60% ~ 80%（韩俊，2013）。程国强（2009）指出，鼓励、引导土地成片向种植大户集中，发展适度规模经营，既可保障粮食生产稳定发展，也可拓展农民就业和增收渠道，实现农业增效、农民增收，加快推进现代农业发展。

首先，发展规模经营有利于提升粮食生产效率，保障粮食产能。我国耕地密集型为主的大部分农产品（除水稻外）生产成本较高，其根本原因之一是我国种植业规模小、劳动力投入成本大（黄季焜、马恒运，2000）。此外，由于耕地规模小、土地细碎化，为了明晰各自所拥有的地块，必然要拿出一部分的土地用作边界的划分。Zhang et. Al.（1997）的研究表明，农地细碎化的存在浪费我国农地有效面积的5%~10%。Wan和Cheng（2001）的研究显示，我国现有的农业生产中的规模效益很小，土地细碎化降低了农业的产出水平。因此，促进耕地流转，适度扩大耕地规模，有助于提高农业生产效率。

关于我国农业生产的规模经济是否存在，由于不同的作物的生产方式不同，这是一个实证问题，需要具体分析。首先看生产函数，如果生产处于规模报酬递增的阶段，成本上升的幅度小于产量上升的幅度，则平均成本下降。从这个层面上来理解，规模报酬递增有时又可以称为规模经济。Truett和Truett（1990）也论证了，除非在生产函数某些部分显示出规模报酬递增，规模经济就不可能存在。因此，文献中通常先估测出土地、劳动力、化肥等投入要素的产出弹性系数，然后根据各投入要素弹性之和是否显著异于1来判断。Wan和Cheng（2001）用吉林、山东、江西、四川和广东5省1994年农户调查数据，在考虑了土地细碎化对规模经济的影响后，测算出我国粮食生产总的规模报酬系数为1.026。苏旭霞和王秀清（2002）用山东省莱西市的农业生产数据，测算得出玉米和小麦的规模弹性分别为1.278和1.268，意味着规模报酬递增。但Fleisher和Liu（1992）利用了我国6

个不同地区 1987～1988 年的 1200 个农户调查数据，以水稻、大豆、棉花等加总农作物生产为研究对象，却发现规模报酬不变。Chen et al.（2009）的研究也得出了规模报酬不变的结论。

需要指出的是，规模报酬递增只是造成规模经济的原因之一，不存在规模报酬递增并不意味着不存在规模经济。Cohn（1992）指出，只要投入要素价格能够降到足够低的水平，当要素价格随产量发生变动时，即使生产处在规模报酬不变（甚至规模收益递减）阶段，平均成本会降低，规模经济也可能存在。通过适度规模经营，使土地、资本、劳动力等生产要素配置趋向合理，有效降低粮食产出的平均成本，也是规模经济存在的体现。Tan et. al.（2008）基于江西省东北部 331 个水稻种植户调查数据发现，每增加 1 亩地种植面积，就能使单位产量的生产成本降低 1.4%。贺亚琴、冯中朝（2012）运用 2010 年我国冬油菜主产区 13 个省市 118 个油菜大县 2138 个农户的实地调查数据发现，根据调查数据中生产总成本均值与 2010 年全国油菜亩均产量来计算，农户种植规模每增大 1 亩，每亩总成本可降低 13 元。扩大土地经营规模还能带来劳动力支出成本、化肥支出成本和农药支出成本的显著降低。其中，每增加 1 亩地的经营规模能降低 2.6% 的劳动支出成本、2.7% 的化肥支出成本和 1.1% 的农药支出成本。许庆等（2011）利用我国粮食主产区 5 省 100 个村庄 1049 个农户的实地调查数据也发现，除粳稻外，扩大土地经营规模可以显著降低单位产量的生产总成本，有利于促进农民增收。

为什么规模经营能够提升生产效率呢？蔡昉、李周（1990）指出，在我国农业生产中，存在着生产要素投入同比例变化、耕种的土地面积扩大、零散土地改整等三种情况所带来的内部规模经济，和直接生产过程之外的公共设施、市场集聚、产业关联等规模变动的效益流入所带来的外部规模经济。此外，在农业生产中，灌溉等水利设施和一些大型农用机械的投入是不可分的，由这些投入的不可分性带来的土地规模报酬递增（姚洋，1998），也是内部规模经济产生的原因之一。

现阶段发展农业适度规模经营在理论界和政策理已形成基本共识。陈锡文（2013）、韩俊（1998）、张红宇（2014）等研究普遍认为，实行家庭承包经营后，农村政策始终强调要在稳定农村土地承包关系的基础上发展耕地的适度规模经营。过度分散的小农经济逐渐暴露出一些与农业现代化不适应的方面，从小农式的精耕细作转向现代化的适度规模经营是我国农业发展的现实选择。

但土地经营规模不是越大越好。现阶段推进我国的耕地规模经营，要特别注意把握好规模的适度。从理论和实践来看，农地经营规模存在"适度"的问题，规模过小和过大都不符合农业生产发展的客观规律，究竟经营的规模多大才是适宜的标准？自20世纪90年代以来，很多专家学者通过对我国不同地区的资源禀赋状况、经营环境、生产力水平等农业生产要素的分析，结合单位面积耕地的投入和产出情况、当地农村户均年收入等指标，从农地集中程度角度提出农业适度规模经营的量化标准。但是这样的评价标准，往往基于特定地区的粮食生产数据得出，并没有考虑城乡之间的收入差距对农业生产的影响，也没有考虑具体种植作物品种之间的差别（许庆、尹荣梁，2010）。

在权衡农业生产经营的适度规模时，必须从当地的自然经济条件、劳动力转移状况、农业机械化水平、劳动力素质、生产效率和社会公平等方面综合考虑，科学合理确定。韩俊（1998）、刘凤芹（2006）等研究认为，农业劳动力大量稳定转入非农产业是发展规模经营必须具备的基本前提。张红宇（2014）通过调查认为，以家庭为单位，以粮食生产为例，一年两熟地区户均耕种50~60亩、一年一熟地区100~120亩，各种资源配置效率最高，也适合现阶段我国的国情和农情。不同地区根据调研测度出差异化的适度规模标准，如安徽提出集中连片规模应在200亩左右，重庆提出应达到50亩（一年两熟地区）或100亩（一年一熟地区）以上，上海则提出以100~150亩为宜，而黑龙江等土地资源丰富的平原地区，机械化程度相对较高，经营规模也高于其他地区。当然各地情况千差万别，不能一个模式"齐步走"。

上述标准只是指导性的意见，而不是"一刀切"行政命令式。倪国华、蔡昉（2015）运用国家统计局2004年、2005年、2007年、2009年和2012年的农村住户调查面板数据发现，在现有生产力水平下，从劳均"一产"收入和劳均粮食产量的角度而言，在控制了土地等级和地区变量之后，以包含复种面积的土地经营总面积计算，家庭综合农场的拟合最优土地经营规模区间为131~135亩，种粮大户的拟合最优粮食播种面积区间为234~236亩，分别相当于目前户均土地经营总面积的5~6倍和9~10倍。

中央办公厅、国务院办公厅在2014年11月发布的《关于引导农村土地经营权有序流转发展农业适度规模经营的意见》指出，"伴随我国工业化、信息化、城镇化和农业现代化进程，农村劳动力大量转移，农业物质技术装备水平不断提高，农户承包土地的经营权流转明显加快，发展适度规模经营已成为必然趋势"，"实践证明，土地流转和适度规模经营是发展现代农业的必由之路"。在此背景下，本章旨在考察我国农业生产的"适度"规模，为发展适度规模经营提供决策依据。

二、我国农户规模报酬递增和适度经营规模的测算
——基于 2012 年国家统计局农村住户调查数据

随着时间的推移，土地流转加快，农业生产的服务环节的外包也渐成规模，这促进了适度规模经营，也有利于发挥规模经济效益和提升农业生产效率。本章采用了国家统计局 2012 年农村住户微观调查面板的数据，从微观层面，全面细致地测算过去 10 年来我国农业的投入和产出指标，并相应计算农业生产的规模报酬，以及耕地面积的最优规模。

70720 户样本农户中，纯农业户占 18%，农业兼业户占 30%，非农业兼业户占 36%，非农户占 16%（表 5 - 1）。

表 5 - 1　　　　　　　　　4 类农户的分布情况

从业类型	频数	比重	累计比重
农　户	12929	18.28	18.28
农业兼业户	21264	30.07	48.35
非农业兼业户	25258	35.72	84.07
非农户	11269	15.93	100
总　数	70720	100	

由表 5 - 2 可知，2012 年，农户每户平均种植小麦 1.40 亩，水稻 1.97 亩，玉米 3.37 亩。从农户到农业兼业户，再到非农业兼业户，最后到非农户，他们耕种的作物面积是大幅减少的。从耕种效率即单产来看，随着耕种规模的扩大，水稻的单产呈现出先增加再减少的趋势，谷物单产也是如此。这说明，农户的耕种面积在一定区间里的单产是最高的，适度规模经营可以提高农业生产效率。

以小麦为例，我们具体看一下随着耕种面积的增加，单产的变化情况，如表 5 - 3 所示。玉米和水稻的单产与耕作面积也表现出同样的

关系，表格从略。

表 5 - 2　　　　　　　　农户耕作面积、产量和单产的均值统计

		全样本	农户	农业兼业户	非农业兼业户	非农户
耕种面积（亩）	谷物	8.01	15.16	10.84	5.44	0.24
	小麦	1.40	1.37	2.08	1.45	0.06
	水稻	1.97	2.92	2.86	1.58	0.08
	玉米	3.37	7.46	4.38	1.88	0.08
产量（公斤）	谷物	3269.00	5904.00	4549.00	2260.00	89.94
	小麦	552.50	520.80	822.30	578.90	20.64
	水稻	947.80	1431.00	1380.00	742.60	36.95
	玉米	1725.00	3845.00	2290.00	918.20	31.61
亩产（公斤/亩）	谷物	403.90	402.80	408.00	405.10	351.70
	小麦	484.00	493.40	489.40	477.10	468.80
	水稻	377.30	370.10	373.20	384.50	348.50
	玉米	468.50	487.80	471.40	458.40	412.20

表 5 - 3　　　　　　　　　小麦单产与耕作面积的关系

	农　户	农业兼业户	非农业兼业户	非农户
	ln（小麦单产）	ln（小麦单产）	ln（小麦单产）	ln（小麦单产）
ln（小麦面积）	0.0549***	0.0823***	0.132***	0.0759
	(5.52)	(11.91)	(20.19)	(1.81)
中部地区	− 0.0943***	− 0.0717***	− 0.0297***	0.0234
	(− 6.09)	(− 6.73)	(− 3.78)	(0.60)
西部地区	− 0.484***	− 0.445***	− 0.329***	− 0.150**
	(− 28.96)	(− 38.38)	(− 36.60)	(− 3.08)
常数项	5.923***	5.882***	5.788***	5.756***
	(300.47)	(395.13)	(526.29)	(139.33)
样本量	3251	7575	9164	414

注：*、**、***分别表示在10%、5%、1%的水平上显著。

我们发现，耕作面积增加1%，4类农户的单产提高了0.05% ~

0.13%。其次，以东部地区为参照，中部地区和西部地区的单产要低

于东部地区，这可能是由于自然条件的差异导致的。从农户到农业兼业户再到非农业兼业户，随着耕种规模的扩大，农户的生产逐渐从小农户精耕细作的传统生产方式转向依靠农机资本和土地资本的投入的现代化农业生产方式。因此，各地区地理区位差异导致的单产差异在逐步缩小。数据表明，传统生产方式下的一户农户在中部比在东部单产低 0.09%，而现代农业生产方式下的农户单产只低 0.03%。传统生产方式下的一户农户在西部比在东部单产低 0.48%，而现代农业生产方式下的农户单产只低 0.15%。现代化的农业生产方式在一定程度上弥补了中西部地区的区位劣势。

进一步，我们选取小麦主产区的省份，在这部分子样本里重复上面的回归。回归结果表明（表 5 - 4），在小麦主产区，耕种面积扩大 1%，单产提高 0.08% ~ 0.14%，高于全国水平。主产区更适宜种植，其耕种规模更大（主产区平均耕种 2.76 亩，非主产区平均耕种 0.36 亩），配套的生产性服务业更齐全，政策上的支持和倾斜更多。这些因素是规模经济效益得以发挥的重要保障，所以，小麦主产区的耕地规模扩大，生产效率提高得更多。

表 5 - 4　　　　　　　　小麦主产区单产与耕作面积的关系

	农　户	农业兼业户	非农业兼业户	非农户
	ln（小麦单产）	ln（小麦单产）	ln（小麦单产）	ln（小麦单产）
ln（小麦面积）	0.0788 ***	0.118 ***	0.138 ***	0.0262
	(8.75)	(19.36)	(21.75)	(0.57)
样本量	2556	6051	7819	337

注：* 、** 、*** 分别表示在 10%、5%、1% 的水平上显著。

上述分析仅考虑到土地这一个生产要素，而农业是一个典型的多要素投入的生产过程，我们需要进一步考虑劳动力、农用机械等固定资本和种子化肥等流动资本投入对农业生产的影响。我们采用 C - D

生产函数考察土地、资本和劳动力的投入对农户农产品收入的影响。

农产品收入包括粮食收入和经济作物收入两大部分。对于农业投入指标，我们分别用播种面积衡量土地投入，用农业劳动时间衡量劳动投入，用农业机械原值衡量农业固定资本投入，用农业生产费用支出来衡量农业流动资本投入，包括种子和种苗支出、其他生产服务支出等。播种面积是粮食播种面积和经济作物播种面积之和，这与农产品收入的统计口径一致。此外，该指标已考虑了复种。农业劳动时间是农户全部劳动力一年内从事农业活动的月份数，如，农户有两个劳动力，从事农业活动的时间分别为 7 个月和 8 个月，则该农户的农业劳动时间为 15 个月。农业机械资产原值衡量了购买农业机械的初始价值，用价值而非用台数衡量农业机械投入的好处是不同类型的农业机械可以加总。此外，我们没有考虑农业机械的折旧。

表 5-5　　　　　　　　　农户农业收入的规模经济

规模报酬系数	0.9994	1.02652	0.70129	0.27
	农户	农业兼业户	非农业兼业户	非农户
	ln（收入）	ln（收入）	ln（收入）	ln（收入）
ln（土地面积）	0.554***	0.580***	0.501***	0.267***
	(111.83)	(144.04)	(197.23)	(60.33)
ln（劳动时间）	0.0963***	0.0386***	0.0155***	0.00688**
	(15.18)	(8.76)	(7.61)	(2.89)
ln（固定资本）	0.0211***	0.00792***	0.00379***	0.00228***
	(12.76)	(7.76)	(8.10)	(3.89)
ln（流动资本）	0.328***	0.400***	0.181***	−0.00504
	(41.03)	(69.65)	(46.24)	(−1.54)
常数项	8.002***	8.109***	8.283***	8.516***
	(446.06)	(539.16)	(1364.88)	(2098.05)
样本量	11703	20785	24609	4023

注：*、**、***分别表示在10%、5%、1%的水平上显著。

我们发现，农业兼业户的要素投入提高 1 倍，则收入提高 1.03 倍。这就表明，在这一区间扩大耕种规模，是有利于发挥规模经济和提高生产效率的。我们将被解释变量换成各类农产品产量，也发现了这一点。农业兼业户的要素投入提高 1 倍，产量提高 1.11 倍（表 5 – 6）。

表 5 – 6　　　　　　　　　　农产品产量的规模经济

	0.46	1.11	0.67	0.33
	农户	农业兼业户	非农业兼业户	非农户
	ln（农产品产量）	ln（农产品产量）	ln（农产品产量）	ln（农产品产量）
ln（土地面积）	2.307***	2.099***	2.279***	3.591***
	(79.70)	(69.87)	(107.02)	(48.30)
ln（劳动时间）	0.142***	0.149***	0.168***	0.155***
	(4.74)	(4.93)	(10.38)	(3.67)
ln（固定资本）	− 0.0967***	− 0.0469***	− 0.0204***	0.0148
	(− 11.26)	(− 6.38)	(− 4.89)	(1.03)
ln（流动资本）	− 0.165***	0.191***	− 0.215***	− 0.177***
	(− 3.43)	(4.45)	(− 7.34)	(− 3.76)
$[ln$（土地面积）$]^2$	− 0.256***	− 0.249***	− 0.434***	− 1.600***
	(− 24.54)	(− 24.40)	(− 41.10)	(− 19.60)
$[ln$（劳动时间）$]^2$	0.0396*	− 0.0250*	− 0.0755***	− 0.107***
	(2.44)	(− 2.12)	(− 9.03)	(− 3.39)
$[ln$（固定资本）$]^2$	0.0269***	0.0147***	0.00605***	− 0.00458
	(19.22)	(16.97)	(8.63)	(− 1.32)
$[ln$（流动资本）$]^2$	− 0.140***	− 0.227***	− 0.134***	− 0.131***
	(− 8.40)	(− 18.24)	(− 12.01)	(− 5.52)
ln（土地面积）* ln（劳动时间）	− 0.123***	− 0.0706***	− 0.0589***	0.0158
	(− 12.19)	(− 8.27)	(− 8.91)	(0.48)
ln（土地面积）* ln（固定资本）	− 0.0146***	− 0.0101***	− 0.00356*	0.000420
	(− 5.49)	(− 4.95)	(− 2.37)	(0.06)
ln（土地面积）* ln（流动资本）	− 0.334***	− 0.372***	− 0.279***	− 0.366***
	(− 25.72)	(− 32.03)	(− 21.36)	(− 5.95)

	0.46	1.11	0.67	0.33
	农户	农业兼业户	非农业兼业户	非农户
	ln（农产品产量）	ln（农产品产量）	ln（农产品产量）	ln（农产品产量）
ln（劳动时间）* ln（固定资本）	0.00755 **	0.00247	0.00252 *	− 0.00346
	(2.79)	(1.21)	(2.16)	(− 0.90)
ln（劳动时间）* ln（流动资本）	0.0779 ***	0.0375 **	0.0539 ***	0.0454 *
	(5.13)	(3.07)	(5.80)	(2.33)
ln（固定资本）* ln（流动资本）	0.0104 **	0.00773 **	0.00702 ***	0.0283 ***
	(3.19)	(2.96)	(3.35)	(5.49)
常数项	4.742 ***	5.055 ***	5.102 ***	4.286 ***
	(101.35)	(81.13)	(182.97)	(123.45)
样本量	11703	20785	24609	4023

注：*、**、*** 分别表示在10%、5%、1%的水平上显著。

上述发现表明，发展土地适度规模经营，有利于发挥农业生产的规模报酬，提高农业生产率。应当在坚持家庭承包经营的基础上，通过土地承包经营权流转，促进土地的适度规模经营。

最后，我们讨论在什么样的规模区间里，农业生产的单产成本会降低、单产利润会提高。我们考察土地规模和单产成本的关系，发现农业户在耕种规模大于 11 亩、农业兼业户在规模小于 65 亩、非农业兼业户在规模小于 174 亩、非农户在规模大于 0.7 亩时，在这区间里，扩大耕种面积是有利于降低单产成本的（表 5 − 7）。

表 5 − 7　　　　农户适度规模经营区间：单产成本降低

适宜区间	>11.2	<65.3	<174.1	>2.17
临界点	2.416	4.179	5.16	0.776
	(1)	(2)	(3)	(4)
	ln（流动资本）	ln（流动资本）	ln（流动资本）	ln（流动资本）

续表

适宜区间	>11.2	<65.3	<174.1	>2.17
ln（土地面积）	2.686 ***	0.702 ***	1.393 ***	6.973 ***
	(79.97)	(22.83)	(42.07)	(53.72)
$[ln(土地面积)]^2$	-0.556 ***	0.0840 ***	0.135 ***	-4.494 ***
	(-37.58)	(6.08)	(6.97)	(-24.99)
中部地区	-0.0496	-0.193 ***	-0.210 ***	0.237 ***
	(-1.34)	(-9.49)	(-12.31)	(4.00)
西部地区	-0.268 ***	-0.359 ***	-0.319 ***	0.166 *
	(-7.31)	(-18.09)	(-17.64)	(2.52)
常数项	3.644 ***	6.391 ***	5.072 ***	1.288 ***
	(95.01)	(180.19)	(177.55)	(50.42)
样本量	12929	21264	25258	11269

注：*、**、*** 分别表示在10%、5%、1%的水平上显著。

从单产利润的角度，也有这样的适度规模区间。综上，农业户的适度区间在11亩以上，农业兼业户为4~65亩，非农业兼业户为3~170亩，非农业户在2亩以上。

表5-8　　　　　农户适度规模经营区间：单产利润增加

适宜规模	>4.71	>3.97	>2.92	无限制
临界点	1.55	1.38	1.07	
	(1)	(2)	(3)	(4)
	利润率	利润率	利润率	利润率
ln（土地面积）	-40.46 ***	-71.18 ***	-31.15 ***	4.992 *
	(-7.18)	(-19.33)	(-8.29)	(2.40)
$[ln(土地面积)]^2$	13.04 ***	25.84 ***	14.53 ***	-4.015
	(5.95)	(16.71)	(6.98)	(-1.69)
中部地区	-7.262	-2.716	-1.578	-0.0861
	(-1.60)	(-1.43)	(-0.99)	(-0.10)
西部地区	-6.660	-3.562	-2.005	-0.0929
	(-1.44)	(-1.91)	(-1.18)	(-0.09)

续表

适宜规模	>4.71	>3.97	>2.92	无限制
常数项	63.86 ***	95.83 ***	33.21 ***	- 1.743 *
	(8.91)	(21.60)	(9.77)	(-2.27)
样本量	11703	20785	24609	4023

注：* 、** 、***分别表示在10%、5%、1%的水平上显著。

表5-9　　　　　农户适度规模经营区间：利润率最高

适宜规模	4.53	3.74	2.8	1.83
临界点	1.51	1.32	1.03	0.607
	（1）	（2）	（3）	（4）
	利润率	利润率	利润率	利润率
ln（土地面积）	6.865 **	31.76 ***	8.628 ***	215.5
	(3.25)	(4.72)	(4.48)	(1.23)
$[ln(土地面积)]^2$	- 2.272 **	- 11.98 ***	- 4.181 ***	- 177.4
	(-2.61)	(-4.04)	(-3.76)	(-0.85)
中部地区	- 0.830	- 2.349	- 0.199	31.66
	(-0.42)	(-0.56)	(-0.21)	(0.40)
西部地区	- 3.207	- 6.527	- 1.662	-206.8 *
	(-1.60)	(-1.59)	(-1.65)	(-2.17)
常数项	- 7.360 **	- 35.23 ***	- 7.017 ***	- 103.7
	(-2.79)	(-4.48)	(-4.17)	(-1.66)
样本量	12111	21119	25065	4354

注：* 、** 、***分别表示在10%、5%、1%的水平上显著。

三、我国农业生产存在规模报酬和最优经营规模区间

目前，我国农地规模小，与现有技术水平、机械化使用根本不配套，农民经营收入很有限，生产积极性不高，需要加快推进适度规模经营。一是有助于推进农业现代化。实现农田集中连片，吸引金融资

本和高科技投入，以现代化管理和技术创新进行经营。二是有助于提高农产品品质。食品安全的关键就在于技术和管理，小农式的生产方式下难以实现标准化生产，食品安全难以监管。三是有利于实现一、二、三产融合。按照现代农业来理解，农业已不是单纯的产业，需要跟二、三产业互相促进、融合发展。农业规模化生产是延伸产业链的前提，产业链价值链的延伸又给农业规模经济效益的发挥创造了巨大的空间。

伴随我国工业化、信息化、城镇化和农业现代化的快速推进，农村劳动力大量转移，农业物质技术装备水平不断提高，农户土地承包经营权流转明显加快，我国农业生产逐渐出现规模化集约化的趋势，农业生产稳定发展，劳动生产率和土地产出率也稳步提高。

根据测算，对农业兼业户而言，若要素投入提高 1 倍，则产量提高 1.11 倍、收入提高 1.03 倍。这表明，现阶段我国农业生产存在着规模经济。推进土地适度规模经营，有利于发挥规模经济，提高生产效率。

然而，农业经营规模不能一味求大，必须注意防止脱离实际、违背农民意愿、片面追求经营规模的倾向。根据样本数据显示，2012 年我国农村户均耕地约 8 亩，而 2012 年我国一产劳动力有 1.5 亿人左右。如果短期内土地快速集中，将会产生大量农村劳动力转移和就业问题，给经济发展和社会稳定带来巨大挑战。因此，推进农业规模经营，要在严格规范农地流转与使用的基础上，合理有序促进农地向规模经营主体集中（程郁、张云华，2014）。

根据测算，考虑到复种的因素，我国农业的土地经营规模为 65～174 亩时，在这一区间内扩大耕种面积是有利于降低单产成本、提高单产利润的。与样本农户 2012 年户均耕地面积（含复种）8 亩的现状相比，大致相当于 8~22 倍。2014 年 11 月中办国办印发的《关于引导农村土地经营权有序流转发展农业适度规模经营的意见》也提出，"现阶段，对土地经营规模相当于当地户均承包地面积 10~15 倍、务农收入相当于当地二、三产业务工收入的，应当给予重点扶持"。

适度规模经营是一个动态的相对概念，"适度"的标准在不同地区、不同情况下是不同的。土地适度规模经营的"度"是一个动态概念，应从实际出发，分类指导，要统筹考虑增产与增收的平衡、提高劳动生产率和土地生产率的平衡以及效率和公平的平衡；要与城镇化进程和农村劳动力转移规模相适应，与农业科技进步和生产手段改进程度相适应，与农业社会化服务水平提高相适应。当前，在北方单季地区，家庭经营的适度规模应在 120 亩左右；在南方两季地区，则为 60 亩左右（韩俊，2014）。

需要指出的是，仅从土地这一生产要素而言，规模经济效应的发挥需要继续推进土地流转和转移农业劳动力。从我国人多地少的资源禀赋而言，单纯依靠土地的规模化经营来推动农业的现代化转型是远远不够的，需要探讨规模经营的多种实现形式。在我国现阶段，建设社会化服务体系，通过农业生产的全程社会化服务，发挥服务规模化对农业生产的促进作用，是一种现实的选择。

第六章

建设农业社会化服务体系，发挥服务规模经济效应

扩大土地经营规模，发展农业产业化经营，是推进适度规模经营的有力抓手。但是，单纯依靠扩大土地经营规模来发挥农业生产的规模经济效应，是远远不够的，还需要大力完善农业社会化服务体系，这是推进适度规模经营的重要支撑。目前我国土地流转的比例达到34%，但还有2/3的土地是小农户来经营。据中国改革发展研究院2008年完成的29省700农户问卷调查显示，29.2%的被调查农民所在村曾经实行或正在实行土地规模经营。但实行规模经营的土地占农用地的比重并不高，40.5%农民回答"只占小部分"，21%的农民回答"不到一半"，只有12.2%的农民回答"大部分农用地实行了规模经营"（夏锋、张娟，2008）。由此可见，目前我国土地规模经营的比例普遍较低，小规模经营仍是是我国现阶段农村土地经营的主要特征（叶剑平等，2000）。根据前面的测算，平均而言，现阶段我国的适宜耕地规模为100~120亩。

我国人多地少，农村人口总量大，不可能走单纯扩大土地规模的农业现代化道路，这是由我国的国情决定的。国际经验表明，实现农

业现代化的国家，基本农业经营体系中都包含家庭经营加社会化服务。社会化服务的发展是农业生产经营过程中分工不断深化、效率不断提高的产物，又通过提供农业生产各环节的专业化服务进一步提升了农业生产效率。我国农业规模报酬的实现，既需要土地的适度规模经营，又需要服务的适度规模经营。

2013 年的中央"一号文件"强调，不仅要强化公益性社会化服务，还要培育发展经营性社会化服务。从习总书记主持制定供销社综合改革的 11 号文件，到汪洋副总理对供销社综合改革作的一系列指示，中央高度重视供销社系统在建设农业社会化服务体系中的作用。党的十八届三中全会提到，在家庭经营的基础上要发挥集体经营、合作经营、企业经营的优势，供销社把这几个经营方式结合起来，服务于广大农民，有助于实现服务规模化，提升农业生产效率。

一、农业服务规模化的内涵

从理论上讲，规模经济是指随着要素投入规模的增加，生产率水平也随之提高。它或者表现为单位要素投入所对应的产出水平提高，或者表现为单位产出所需的要素成本下降。在多要素生产函数情况下，规模经济的实现需要相关生产要素组合的优化。如果仅仅增加某一特定生产要素的投入量，其他生产要素投入没有相应的匹配，反而不利于生产率水平的提升。农业是一个典型的依赖多要素提供产品的产业，除了土地和劳动力等传统要素投入，还依赖农业机械、农药、化肥等现代要素投入，以及农业生产产前、产中、产后各环节的服务。

规模报酬既存在于生产领域，也存在于服务领域。农业规模化服务，就是农业服务主体根据各类农业生产经营主体在农业生产各环节的服务需求，通过规模化提供各类农业服务，降低生产经营主体各环节的成本，提高农业的生产效率和经营效益，实现农业服务主体的规模报酬和盈利水平。农业规模化服务包括产前的农资购买，产中的灌溉、病虫害防治，以及产后的集中收割、烘干和深加工等。

国际经验表明，服务规模化和专业化是农业现代化的重要标志。西方发达国家农业服务业人口比重都较高。美国农业人口占全国人口比重只有 2%，而为农业服务的服务业人口占全国人口比重高达 17% ~20%，平均一个农民有 8 ~10 人为其服务。

二、农业服务规模化是适度规模经营的重要途径

改革开放以来，我国通过家庭联产承包责任制改革恢复了农户的经营主体地位。随着农户在农业技术、病虫害防治等生产环节，在购买种子、农药、化肥以及农产品销售等供销环节，对合作的需求日益强烈，以农户为主体的服务体系逐步建立并日趋完善。

近年来，随着工业化和城镇化进程的推进，我国农业领域出现了一些趋势性变化。

第一，随着农村劳动力大规模非农化，农业劳动成本上升，农业资本化深化和机械投入大幅增加，农业生产要素已经和正在发生重组。

第二，随着农民外出打工，农户家庭内部劳动分工细化，农业种植者老龄化、妇女化使农业生产各环节服务需求上升。

第三，随着生产要素投入的变化，农业生产的组织和制度发生变化，新型农业经营主体的出现使农业服务的交易成本下降。

在以上这些变迁诱发下，我国农业一方面将遵循资源禀赋特征和生产要素投入的重大变化，通过生产要素的优化组合来提高农业的生

产率，另一方面，在农户经营规模短期内较难实现大幅度扩大的约束下，农业各环节服务规模的扩大和服务水平的提高，也是实现农业的规模报酬、提高农业产业的竞争力的重要途径。

从各地近年的实践来看，农业生产的大多数服务环节，从传统的农资供应、农机耕作、农作物播种与收割、统防统治，到良种推广、测土配肥、技术培训，再到农产品储藏、物流与销售等，都适宜采取规模化集中供给的方式。

其一，这些环节普遍具有较强的同质性，标准化程度高，易于监督，适合采用规模化供给方式。

其二，其中有些环节具有较强的外部性，如种子和化肥、农药采购、病虫害防治等，集中连片的服务提供能减少外部不经济。

其三，有些环节的资产不可分性强，如大型农业机械、烘干设备、冷链储藏设施等，服务规模的扩大可以减少单家独户或分散服务主体的投资不经济和资产闲置，也可以增强服务各环节的相互呼应。

随着农业结构变革和经营方式的变化，农业服务规模化的效应逐步显现。服务规模化不仅可以快速提高各环节的劳动生产率和附加值，促进农业技术创新，向"绿色、高效"农业转化，而且能够引导各类社会资本更多投向服务环节，形成生产环节农户经营为主、服务环节社会组织为主的农业现代化"双轮驱动"机制，从而带动农业产业升级和发展方式转变。

三、农业服务规模化需要体系支撑

1. 需要发展农民合作组织

发挥农民合作社、专业技术协会、涉农企业等各类合作组织的作用，支持其为农业生产经营提供低成本、便利化、全方位的服务；以新型农业经营主体为载体，推动全程社会化服务体系建设，适时推广新型农业社会化服务特别是土地托管服务、联耕联种等模式。

2. 需要加强农产品市场流通服务体系建设

要加大对农产品流通环节扶持力度，发展仓储及冷链物流设施，向乡镇和农村延伸生产营销网络；探索对农产品电子商务的支持政策，支持企业建立电子商务平台及信息化建设；发挥供销社扎根农村、联系农民、点多面广的优势，与农民开展合作式、订单式生产经营服务，搞好产销对接、农社对接，提高服务的规模化水平。

3. 需要科技和管理体系的支撑

推进农业科技协同创新联盟建设；加快农业科技创新能力条件建设，加强农业科技国际交流与合作，着力突破农业资源高效利用、生态环境修复等共性关键技术。提升农技推广服务效能，加快科技进村入户，让农民掌握更多的农业科技知识；完善适合我国国情的农业机械化技术与装备研发支持政策，主攻薄弱环节机械化，推进农机农艺融合，促进工程、生物、信息、环境等技术集成应用。

4. 需要延伸产业链和价值链

农业产业链条就是按照现代化大生产的要求，在纵向上实行产加销一体化，将农业生产资料供应，农产品生产、加工、储运、销售等环节链接成一个有机整体，并对其中人、财、物、信息、技术等要素的流动进行组织、协调和控制，以期获得农产品价值增值；打造农业产业链条，不但有利于增强农业企业的竞争能力、增加农民收入和产业结构调整，而且有助于农产品的标准化生产和产品质量安全追溯制度的实行。

5. 需要推进农业信息化

开展"互联网＋"现代农业行动，建立农业服务平台，加强产销衔接；推广成熟可复制的农业物联网应用模式，发展精准化生产方式；支持研发推广一批实用信息技术和产品，提高农业智能化和精准化水平；强化农业综合信息服务能力，提升农业生产要素、资源环境、供给需求、成本收益等监测预警水平，推进农业大数据应用。

江苏省泗洪县农业土地规模经营调研^①

引导农村土地流转，发展适度规模经营，是创新农业体制机制、构建新型农业经营体系的必由之路，是深化农村改革、推进农业现代化的必然要求，也是加快农业"二次飞跃"、实现"四化同步"发展的根本路径。

自 2011 年被确定为江苏省农村改革试验区以来，泗洪县紧紧抓住这一重大机遇，坚持把推动土地有序流转与发展适度规模经营结合起来，创新现代农业发展方式，提高农业现代化水平。

一、泗洪县农业土地规模经营的现状

泗洪县是农业大县，县域总面积 2731 平方公里，人口 105 万，全县耕地面积 206 万亩，居全省第 4 位；粮食总产 21 亿斤，居全省第 3 位；农民人均纯收入 1.05 万元，居全省第 60 位；乡村人口 76.8 万

---

① 本章资料来源于课题组 2016 年 1 月赴江苏泗洪县调研时获得的内部资料《泗洪县农村集体产权制度改革系列调研》。

人，人均耕地2.5亩。近年来青壮年农民纷纷外出务工，农业劳动力老龄化的问题逐渐突出。土地细碎化、经营方式粗放等现象也长期存在。农业增效、农民增收遇到新的瓶颈。

对此，泗洪县抓住机遇，从2011年10月开始在全县探索推进土地规模流转，发展规模经营。由表7-1可知，截至2014年8月，泗洪共有从事规模经营的新型主体8112个，其中登记注册的各类合作社2384个，备案登记的家庭农场1346户，农业生产经营大户4062户，农产品生产经营企业320家。至2015年年底，全县共有家庭农场1450个，包括省级家庭农场10个、市级21个。

表7-1　　　　　　泗洪县新型经营主体分类统计情况

	数量（个）	比重（%）
合作社	2384	29.4
家庭农场	1346	16.6
农业生产经营大户	4062	50.1
农产品生产经营企业	320	3.9
合　计	8112	100

家庭农场、专业大户、农民合作社、龙头企业等各类新型经营主体规模经营面积达124.8万亩，规模经营比重为63%，剩下的未流转土地（37%）由普通农户家庭种植。在全县流转的124.8万亩土地中，专业大户的经营面积占38.6%，家庭农场占48.5%，农民合作社占10.3%，龙头企业占2.6%。

从耕地经营面积来看，100亩以下、1000~5000亩规模的种粮比例较高，分别达94.3%、95.1%；100~500亩、500~1000亩两种规模，则是林果、园艺比例相对较高。从面积占比看，100亩以下规模的经营面积占土地流转总面积的27.9%，100~500亩的占46.8%，500~1000亩的占6.7%，1000~5000亩的占12.4%，5000~10000亩的占6%。从经营主体的数量看，500亩以下规模的经营主体数达到7911个，占规模经营主体总数的98.2%。

通过大力推进农村土地流转和适度规模经营，目前泗洪县已形成以"大园区、多业主"为特点的生产经营模式，农业现代化水平明显提高。截至2015年年底，全县国家、省、市、县级龙头企业总数分别达1家、11家、51家和114家，实现销售收入2.97万亿元，利税14.4亿元，出口创汇3100万美元。龙头企业通过"企业＋基地＋合作组织＋农户"的形式，带动6.6万户农民发展生产。

二、泗洪县推进土地适度规模经营的做法

（一）扎实推进农地确权登记颁证

在稳定土地承包关系的前提下，2014年4月，泗洪县启动了农村土地确权登记颁证试点工作。

一是稳定土地二轮承包关系。在调查、登记、确权、颁证过程中，既考虑原始承包关系，也充分尊重现状，对已经实现稳定流转的地块，没有必要再推倒重来；对确实存在争议的地块逐一调查、核实调解，并制订矛盾调解和风险防范预案，切实解决农村土地权属纠纷。

二是严格依法规范操作。信息登记必须"真"，土地指认必须"准"，操作规程必须"严"，入户签字必须"实"。农村土地问题错综复杂，确权登记过程中必须严格依据现有的法律法规及相关政策，按照刚性的工作流程图操作，确保公正、公平、公开。

三是广泛发动群众参与。泗洪县做好政策宣传、释疑解惑工作，打消群众的顾虑，调动群众参与的积极性。充分尊重群众的主体地位，

试点工作的每个步骤都要反复酝酿讨论，每个环节都确保群众参与，每项争议都由村民协商解决，每项工作都经群众签字确认，切实保障农民的知情权、参与权、监督权。

四是突出高标准高质量。严把每一个环节、每一个步骤，对土地承包人口、承包地块的面积和空间位置进行清查核实，做到"六个到位"，即领导重视到位、宣传发动到位、人员配备到位、业务培训到位、经费保障到位、督查考核到位。

泗洪县的创新做法得到了上级有关部门的肯定。2014 年 12 月，全省农村土地承包经营权确权登记现场会在泗洪召开，其工作方法也得到了农业部的认可并在全国推广。

（二）推动土地规范有序流转

泗洪县坚持规划先行，按照沿路沿线、集中连片、高产高效三个原则流转土地，把产业招商与土地流转结合起来，立足于自身地理优势和产业特色，坚持土地规划与产业规划紧密结合，探索出一条"集中经营＋产业化发展"的土地流转模式。截至 2015 年年底，泗洪县全县已流转土地 114.8 万亩，占全县耕地总面积的 58％。

一是注意适度规模。2011 年，泗洪县出台了《关于加快农村土地集中推进适度规模经营的实施意见（试行）》（洪政发〔2011〕39号），提出到 2015 年全县农村土地连片 300 亩以上适度规模经营面积达到 100 万亩。泗洪县大力引导土地承包经营权有序流转，推动土地向新型农业经营主体集中，对规模在 100 亩以上的地块，逐个调查摸底、建档立卡。泗洪县认识到，土地经营面积并不是越大越好。2014年泗洪县提出土地流转"稳量、提质、增效、惠民"方针，不再考核土地流转指标，对经营规模在 300 亩以上的较大地块进行"服务、瘦身、分解"。泗洪县规定，凡经营效益好、带动农户多、示范引领强的，加强农业全程社会化服务；经营效益一般的，根据经营主体实力缩减经营面积；经营亏损的，动员经营主体将原有耕地发包。泗洪县根据各乡镇的地理环境、自然经济条件、农村劳动力转移情况、生产费用成本、农业机械化水平等因素，因地制宜确定土地流转的适度规模，明确粮食种植原则上不超过1000亩、苗木栽植不超过300亩、水产养殖不超过200亩。

二是严控土地流向。土地流转坚持"四个为主"，即经营主体以流向专业大户和家庭农场为主，经营模式以流向本地农户家庭为主，经营内容以流向粮食生产为主，经营规模以基本适度为主，确保愿意种地的经营主体能获得更多更合适的土地经营权。从用于种粮的土地占比来看，流转后的土地有89%用于种粮。分类别的统计数据表明，种养大户土地的98.6%，企业土地的80.1%、家庭农场土地的78.9%、合作社土地的51.1%用于种粮，既实现了土地规模经营，又避免了流转土地的"非农化""非粮化"现象。

三是注重风险防控。认真纠正土地流转中曾出现的过激做法，灵活采取"整村整组流转、个别调整"的方式，做到"依法、自愿、有偿"；推行"先承租再流转、先交钱再种田"的办法，切实保障土地确权人的收益；对已流转的土地实行动态监管，实施调整经营主体的面积规模，确保农民土地流出有合理收益、土地流入有法规保障。

（三）建设农村产权交易中心

泗洪县的农地确权颁证为深化农村产权制度改革、优化资源配置奠定了坚实的基础。通过确权颁证和规范化的土地流转，泗洪县积累了可观的可流转土地经营权，产权交易日趋活跃。为此，2014年7月，在农地确权颁证的基础上，泗洪县正式挂牌成立了泗洪县农村产权交易中心，通过市场化运作推动土地适度规模经营，优化土地资源配置效率。

一是切实保障产权交易规范有序。泗洪县成立农村产权交易所并接受县农村产权交易监督管理委员会的管理监督，乡镇成立农村产权交易站，并与乡镇公共资源交易站合署办公。泗洪县在农村产权交易管理办法中明确了交易机构、交易方式和程序、交易行为监管和争议处理等内容，规定凡是涉及农户承包土地经营权、集体林权及林地使用权、"四荒地"使用权、农村集体经营性资产、农业生产设施设备、小型水利设施使用权、农业类知识产权等8大类，必须进入产权交易中心进行交易，并由产权交易中心出具《产权交易鉴证书》；凡单宗面积200亩以上的土地承包经营权流转，以及其他集体产权单项金额在10万元以上的交易、鉴证，必须在县产权交易中心运作。泗洪县还规定，所有农村产权交易都必须进入省级农村产权交易信息服务平台，土地流转全面实行合同制和备案制，使用统一的制式合同，确保农民承包地面积、合同、证书、登记簿"四相符、四到户"。

二是在公益性的前提下，积极推进市场化运作方式。为了保障土地承包经营权、"四荒地"使用权、林权等的流转，提高土地配置效率，农村产权交易中心具有一定的公益性，其交易成本和服务费用不能定得太高。农村产权中心规定，对涉及农村承包地经营权、养殖水面承包经营权以及农村集体经济组织"四荒地"使用权不收取任何费用。

为了维持农村产权交易中心的正常运转与发展，泗洪县农村产权交易中心采取公司化的运作方式，泗洪县农村产权交易中心有限公司注册资金 100 万元，其中农工办财务辅导站占 65%，江苏汇隆担保有限公司①占 35%。交易中心对农村资产处置类交易项目，如农业生产设备、农村小型水利设施使用权、农业类知识产权等，按交易成交金额的 1% 收取交易佣金。泗洪县积极拓展农村产权交易中心业务范围，将政策性农业保险引入县农村产权交易中心，为种植大户提供农业保险服务。

（四）培育新型职业农民

泗洪县始终把培育新型职业农民放在"三农"工作的突出位置，坚持"政府主导、农民主体、需求导向、综合配套"的原则，积极探索有效培育路径和方法，着力培养一支有文化、懂技术、会经营的新型职业农民队伍。随着土地流转的深入，农业生产逐渐转向规模化集约化的现代化农业生产方式，泗洪县新型职业农民队伍迅速壮大。目前泗洪县已有新型职业农民 8 万多人，占农村就业劳动力的 20%，如表 7 - 2 所示。其中，从事种养殖和农产品加工的专业技能型农民 61694 人，占新型职业农民总数的 75.74%；专业大户、家庭农场主和合作社带头人等生产经营型农民有 15406 人，占 18.91%；农村经纪

---

① 江苏汇隆投资担保有限公司是一家专业从事全省农业产业化促进等相关股权投资、实业投资、融资担保、管理咨询、资产托管的投融资机构。公司在江苏省农业委员会的大力支持下，经江苏省农业产业化龙头企业协会牵头组织，由雨润控股集团、江苏海企长城股份有限公司、江苏省粮油食品进出口集团股份有限公司、江苏景瑞农业科技发展公司、江苏屏湖有机食品有限公司 5 家国家级、省级重点农业产业化龙头企业发起设立，注册资本 1 亿元人民币。公司秉承"服务全省三农事业，服务农业产业化企业"的宗旨，面向广大农企和新型农业经营主体，重点探索发展担保、融资、投资、服务 4 大业务板块。公司已经参与建设泗洪、亭湖、盐都等地农村产权交易市场。

人、农机操作手、农民信息员和农村电商等社会服务型农民有 4356 人，占 5.35%。

表 7 - 2　　　　　　　　泗洪县新型职业农民分类统计情况

	人数（人）	比重（%）
专业技能型新型职业农民	61694	75.74
生产经营型新型职业农民	15406	18.91
社会服务型新型职业农民	4356	5.35
合　计	81456	100

一是加强教育培训。泗洪县坚持教育与培训并重，确定科学的目标，设置合理的内容，采取灵活的施教方式，切实帮助农民提高职业技能和综合素质。泗洪县大力实施新型职业农民教育培养工程，积极整合教学资源，发挥基地培训优势，大力培育新型职业农民。在内容设置上，坚持按需施教、因材施教，对农业雇工举办农业实用技术培训，对种养大户开办特色农业小班，对家庭农场主突出经营管理方面的内容，对农村经纪人组织市场经济知识、法律法规培训，对有文化基础的农民开展全方位系统性的"学历教育""认证教育"与技能培训。在培训方式上，采取"送教到乡""办学到村""工学结合""半农半读"等举措，通过现场专题授课、直通车电视宣传、广播网络教学、师徒"面对面，手把手"教学等方式，走进田间地头开展技术咨询、现场教学和实地指导，使受训农民的科学种养水平和致富能力明显提高。2015 年以来，泗洪县全县农业专项技术累计培训 11000 余人次，职业技能培训 1200 余人。

二是推广合作化生产。泗洪县近年来积极探索，多渠道引导和支持农民参与农业规模经营，以提高农业生产的组织化和集约化水平为抓手，在生产实践中培育新型职业农民队伍。泗洪县大力推广联耕联种模式。尽管土地流转比重不断扩大，但截至 2015 年 6 月，泗洪县仍有 83.25 万亩土地尚未流转，占全县耕地面积的 42%。为了使这部分农户也能获得规模效益，泗洪县按照因地制宜、农户自愿的原则，在曹庙乡梨园村等乡村积极推广联耕联种试点，以村组为单位组建农机、植保等合作社提供统一服务。泗洪县还在归仁镇敦伦村开展小块合并试点，农户不愿耕种的可以委托村委会流转，愿意耕种的实行"小田并大田"，每块田块为15~20 亩，便于机械作业和集中病虫害防治。

联耕联种模式由村组统一组织，以打桩等形式确定界址，破除田埂，将碎片化的农地集中起来，实现有组织的连片种植。由于去除田埂，土地实际使用面积多出 5%~10%，解决了土地碎片化、无组织生产和分散经营的难题。

三是制定扶持措施。泗洪县积极推进生产经营、就业创业、金融支持、社会保障等综合保障机制，扶持新型职业农民的发展。在生产经营上，将优质项目、扶持政策和创新技术优先向新型职业农民倾斜。泗洪县针对培育新型职业农民的薄弱环节，出台"星级"家庭农场和合作社创建工作《实施意见》等文件，制定了基础设施配套、用地用电、贷款担保、信息服务、农业保险等一系列扶持政策。在资源要素上，引导规模化土地资源和集约化生产要素优先向新型经营主体集中。在财政金融上，持续增加财税补贴、引导资金和信贷投入，扩大农业保险险种和覆盖面，加大财政投入和奖补力度；整合农业综合开发项目、小型农田水利项目等项目资金 9 亿元超前进行基础设施配套；设立 1200 万元专项资金扶持农业全程社会化服务，出资 50 万元聘请专家组建农机专家库，对符合条件的经营主体按标准给予财税补偿补贴。在社会保障上，稳步提高就业、医疗、住房、养老等公共服务标准，为职业农民发展解除后顾之忧。

（五）搭建农村金融发展平台

由于缺乏有效的农村资产专业评估机构，农户拥有的资产难以变现和抵押，资金瓶颈严重阻碍了农业生产的规模化。为此，泗洪县积极打造"多方联动、市场取向、政策扶持、广泛覆盖"的现代农村金融服务体系，搭建农村金融发展平台，积极推行"保姆式"金融服务，有效缓解了新型经营主体"融资难融资贵"问题。截至2015年年底，泗洪县累计发放涉农贷款余额193.36亿元，实现了"五年翻两番"。其中，农林牧渔业贷款余额38.70亿元、农用物资和农副产品流通贷款7.87亿元、农村基础设施建设贷款6.99亿元、农产品加工贷款6.65亿元、农业生产资料贷款7.48亿元。

泗洪县围绕"农业产业链创新金融服务链"，深入了解新型经营主体和农户贷款需求，实行农业产前、产中、产后全程化服务。一方面，突出重点扶持龙头企业、农业园区和合作社，5年来累计向龙头企业发放贷款5.49亿元，向现代农业园区发放贷款6.75亿元，向合作社发放贷款1.06亿元，带动了全县和周边7000户农民实现了增收致富；另一方面，大力支持农产品流通市场建设和外向型农业发展，累计投放农产品市场固定资产贷款3.06亿元。泗洪县还加大农村基础设施建设信贷支持力度，5年累计发放农田水利建设、农村路网和电网工程改造贷款5.32亿元，撬动全社会资本26.6亿元；通过土地增减挂钩投放贷款9.4亿元，累计改善农民居住面积235万平方米。

1. 积极探索"两权"抵押贷款试点

2015年，泗洪县被江苏省推荐为国家"两权"抵押贷款试点县。泗洪县在江苏省率先推行农村土地承包经营权抵押贷款，按照"政府引导、市场运作、积极稳妥"的原则，鼓励农户以土地承包经营权、农业经营主体以一定时期的经营权和地上附属物实行抵押。农村产权交易中心负责对新型经营制图土地经营权价值进行评估，经营主体依据评估报告向银行申请办理抵押贷款，借贷双方"办理自愿、风险自负、收益自理"。

泗洪县在推行农村土地承包经营权抵押贷款的工作中严控贷款发放对象、发放条件和发放风险。贷款对象主要是农户及获得土地承包经营权且在工商部门或县委农工办登记备案的种养大户、家庭农场、农民合作社、产业化龙头企业等新型经营主体，贷款额度原则上不超过土地承包经营权抵押确认价值的70%，且贷款必须用于土地开发整理、农田水利等基础设施建设和生产工具资料采购及农业生产经营等。截至2015年7月，已累计办理农村土地承包经营权抵押贷款199笔，贷款额9965万元。截至2015年年底，累计发放农村土地承包经营权抵押贷款326笔，贷款额1.57亿元。

在农村房屋财产权抵押贷款试点方面，泗洪县出台了关于进一步推进农村集中居住点及康居示范村建设的"二十八条意见"，明确农民在集中居住点建房，可由农村合作银行按每户3万~10万元额度办理贷款，贷款利率按基准利率执行；还明确申办建房贷款第一年利息由县财政贴付，以后每年递减20%，最长期限不超过5年。农民在集中居住点按设计要求建房并拆除原有住房、退出原宅基地的，由国土、建设等相关部门为新建房屋核发土地使用证和房屋产权证。泗洪县会同有关金融机构出台了农村乡镇房屋抵押贷款管理的"暂行办法"，文件规定，拥有依法取得权属证书的农村借款申请人，可以用自有房屋申请抵押贷款，抵押率原则上不超过房屋价值的50%，利率标准为人民银行同期同档基准利率上浮60%。贷款期限根据农民资金回笼情况灵活确定，最长期限可达 5 年。截至 2015 年年底，泗洪县发放农村房屋财产权抵押贷款 2.22 万笔，金额 18.99 亿元。

2. 农村土地银行试点

农村土地银行是泗洪县增加农村土地资源收益、缓解农村建设资金匮乏问题的重要探索。2015 年，泗洪县在双沟镇李庄村开展农村土地银行试点，由本集体经济组织成员将零散的承包地存入农村土地银行，按年收取租金和利息。银行将存入的"小田"变"大田"后，按照本组、本村、本乡的顺序优先贷给本地承租主体或龙头企业，在不改变土地用途的情况下进行规模经营。将承包地存入银行的农户可以用农村土地承包经营权抵押，从农村土地银行获得贷款。2015 年，李庄农村土地银行已经存入农户零散土地 5850 亩，集中连片贷给龙头企业建基地 3650 亩；筹集奖补资金 10 万元，整合扶贫资金 15 万元，贷给本集体经济组织 60 户、30 万元。

泗洪县坚持在法律框架下推行土地银行试点，以双沟镇李庄村为例，先成立土地股份合作社，再经过工商注册成为合法市场主体，成为农村土地银行的运作载体。农村土地银行坚持本地优先、存贷自愿、收益自理、封闭运行的原则，存入承包地的对象为本集体经济组织成员，借款的农户也必须是将土地存入银行的本集体经济组织成员。存入承包地农户流转租金按照商业银行低息贷款利率，承租主体按照协商租金贷出土地 100～300 亩，期限不超过二轮土地承包期限，抵押农户贷款额度原则上不超过土地承包经营权抵押评估价值的 60%。

泗洪县对试点农村土地银行实行村级、乡级、县级三级监管。农村土地银行通过社员代表选举，设立村居农村土地银行理事会，理事长原则上由理事会选举产生，监事长由村居会计担任，借款合同必须由村居理事长和监事长同时签字；农村土地银行财务由乡镇农经站财务负责人兼任，村居农村土地银行签订贷出合同后集中由乡镇农经站监管，并将借贷资金直接支付给借款人；县委农工办组织财务人员对农村土地银行资金使用情况进行季度互审。

3. 涉农贷款的担保和保证保险

在涉农贷款的担保方面，由农业产业化龙头企业通过控股成立资金担保公司为粮食种植大户提供贷款担保，粮食种植大户再将种植的在田粮食抵押给龙头企业，从而实现农业生产经营的利益共享、风险共担。2014年，苏北粮油集团在泗洪发起成立江苏金旺达担保公司，新型农业生产经营主体向泗洪农村商业银行或江苏银行申请担保贷款，由金旺达担保公司1日内提供担保手续，银行3日内将贷款汇入经营主体账户，同时苏北粮油集团对抵押的在田粮食组织专人进行全方位监管。泗洪县还引进汇隆担保组建项目管理公司，向农业大户、家庭农场等新型经营主体直接提供承包经营权抵押贷款，并在种植户向银行抵押贷款时提供担保，种植户将土地承包经营权反担保给汇隆公司，进一步提高了银行抵押贷款额度、减轻了银行贷款风险。目前，汇隆公司发放担保贷款超过13亿元，惠及100多家农企及新型主体。2015年，江苏省财政厅、省政府金融办、人行南京分行、江苏银监局、江苏证监局、江苏保监局等政府部门、行业监管单位联合授予汇隆公司"2015年江苏省金融创新奖"，表彰了其在解决农户融资担保过程中反担保措施薄弱、缓解农企及农业新型经营主体资金缺乏等难题做出的重要贡献。

在涉农贷款的保证保险方面，泗洪县通过基准利率上浮、提高保险费率、扩大贷款期限等方式，为涉农贷款办理贷款保证保险和意外险，明确规定逾期赔付方式：贷款损失的20%由银行承担，其余部分由保险公司在最高赔付限额内赔付；超过保险公司最高赔付限额的，由银行和政府贷款扶持资金分别按20%和80%的比例承担。借贷关系存续期间，保险第一受益人为放贷方，在发生赔付情况时，赔付资金优先用于归还所借贷款本息。泗洪县还精选贷款投放对象，明确扶持对象必须经营场所在县域范围内、设施农业超过20亩和其他经营面积在50亩以上，并且具备一年以上连续经营记录，无欠缴税费和逃废债务等违法违规行为及不良信用记录。银行机构和保险机构对借款人情况进行贷前调查，重点是扶持种养大户、家庭农场、合作社、龙头企业等经营主体，优先支持列入省市名录的"五好合作社"。

三、泗洪县农业土地规模经营的成效

通过土地规模流转，泗洪县在发展现代农业、促进农民增收和新农村建设方面取得明显成效。

（一）促进粮食增产和农产品品牌创建

泗洪县大力推广农业新技术、新品种和新模式，重点发展优质粮油、设施蔬菜、经济林果、生态畜禽和特色水产这五大优势主导产业，着力完善优质种苗繁育推广体系、农产品加工体系、农业社会化服务体系、现代市场销售体系和食品安全监管体系。泗洪县采取统一规划、集中整治、连片推进、分类实施的方式，大规模建设旱涝保收、高产稳产的高标准农田，大力推进小型农田水利、农村道路、农作物仓储等工程建设，有针对性地打通"主干网络"，疏通"毛细血管"，解决灌溉、排涝、交通运输"最后一公里"等问题，较好实现了"增面积、降农本、提单产、升效益"，改善了农业生产基础条件。

泗洪县粮食面积从 2010 年的 243 万亩增加到 2015 年的 252 万亩，增幅 3.7%；亩产从 388 公斤增加到 405.3 公斤，增幅 4.4%；粮食总产从 94.5 万吨增到 101 万吨，增幅 6.8%，连续 8 年被评为"全国粮食生产先进县"。2011 年起，泗洪县大力加快提升农业机械化装备水平。2015 年，泗洪县的农业综合机械化水平高达 78%，良种覆盖率达 95% 以上。通过土地整治活动和农田水利设施建设，泗洪县每年新增高标准农田 10 万亩，2015 年新增加 13.68 万亩。2010～2015 年，泗洪县新增设施农业面积 14.2 万亩。截至 2015 年年底，全县已累计建成设施农业面积 29.6 万亩，高效设施农业种植面积占耕地面积的 14.9%。有机农产品基地 3000 亩，全国绿色食品原料基地 200 万亩，"三品"基地面积占耕地面积的 96.3%。全县"十二五"期间每年新增"三品"30 个以上，目前全县累计认证有效"三品一标"① 总数 316 个，"泗洪大米""泗洪大枣""泗洪大闸蟹"获得国家地理标志产品登记。

（二）促进了农民增收

调研组从泗洪县石集乡的一户农民处了解到，种植稻麦，每亩每年种子、农药、肥料、收割、管理等费用大约 1044 元，收入约为 2185 元，减去其他成本，每亩平纯收入也就 980 元。在土地流转后，每亩

---

① 无公害农产品、绿色食品、有机农产品和农产品地理标志统称"三品一标"。无公害农产品是指产地环境和产品质量均符合国家普通加工食品相关卫生质量标准要求，经政府相关部门认证合格并允许使用无公害标志的食品。绿色食品是指无污染、优质、营养食品，经国家绿色食品发展中心认可，许可使用绿色食品商标的产品。有机农产品是指根据有机农业原则，生产过程绝对禁止使用人工合成的农药、化肥、色素等化学物质和采用对环境无害的方式生产、销售过程受专业认证机构全程监控，通过独立认证机构认证并颁发证书，销售总量受控制的一类真正纯天然、高品位、高质量的食品。农产品地理标志是指标示农产品来源于特定地域，产品品质和相关特征主要取决于自然生态环境和历史人文因素，并以地域名称冠名的特有农产品标志。

租金 850 元，再加上粮食直补、农资补贴等每亩 130 元，基本持平。产权交易后的农民可以脱离土地，外出务工经商。据泗洪县测算，流转前农民自种亩均纯收入 900 元左右，流转后租金收入与之基本持平，腾出的劳动力外出务工可年增收 7000 元左右。全县土地流转后新增转移就业 3.5 万人，务工率增长 53.2%。截至 2015 年 7 月，全县发展"三来一加"项目点 489 个，从业人员 2.79 万人，农民收入从 2010 年的 6830 元增加到 2014 年的 11405 万，增幅达 66.98%。

　　伴随着土地流转和剩余劳动力的转移，留在农村从事农业生产的农户通过培训和培育成为了新型职业农民，其收入也得到了显著提升。土地确权后，农民可以获得一定的地租房租、股金分红等财产性收入，到家庭农场和龙头企业打工可以获得工资性收入，自主创业可以获得经营性收入。据不完全统计，2014 年泗洪县新型职业农民人均纯收入达 14905 元，比普通农村居民人均多增收 3500 元。2015 年，泗洪县家庭农场的平均劳动力为 3 个，年均收入达 5.6 万元，是全县农民人均收入的 4 倍多。2015 年，泗洪县农业总产值达 111.7 亿元，增速达 7%；农村居民人均可支配收入 11405 元，增长 12.1%。泗洪县推动苏北粮油集团与粮食种植主体签订 3 万亩优质稻米订单种植供应基地，订单每斤售价高出市场粳稻 0.2 元左右，有效增加了种植户的种粮收入。

　　随着土地流转的深入，农民收入稳步提高，泗洪县脱贫步伐明显加快。2012 年，泗洪县被确定为江苏省 12 个实施脱贫奔小康工程重点县之一。2012 年年初，泗洪县人均年纯收入不足 4000 元的农户有 6.03 万户，贫困人口总数占全县人口的 19.28%，省里认定的经济薄弱村有 79 个；到 2015 年年底，泗洪县累计有 6.03 万户、20.73 万低收入人口实现脱贫，脱贫率达到 100%。

（三）促进了土地集约利用和村貌改善

土地流转后，通过自然村庄压缩，将原有 1997 个自然村庄缩并为 125 个；通过集中居住区建设降低户均宅基地面积，将农村和镇区的户均宅基地面积从 1.2 亩、0.7 亩均下降至 0.3 亩，预计可节约土地 19.8 万亩。再加上通过对田间沟渠路重新配套，新增耕地 4.05 万亩，两者合计节约土地近 24 万亩。

泗洪县曾是江苏贫困人口比例最高的县，农村房屋老旧、道路泥泞，如今通过推进适度规模经营，城乡面貌发生了极大的变化。如石集乡把 9 个行政村、108 个自然村规划为 3 个集中居住点，共新建农民集中居住小区 10 个、总建筑面积达 75 万平方米，小区各类现代配套设施齐全，目前已有 5400 多户村民入住，占全镇总人口的 92%。仅 2014 年，泗洪县散居村庄减少 626 个，新增省三星级康居示范村 5 个、市级美丽宜居乡镇 4 个。土地规模经营对农作物秸秆禁烧及综合利用、新品种新技术推广应用、农业农村环境整治等都有显著促进作用，现在泗洪县城乡一类空气质量年均达 320 天以上。

（四）促进农业社会化服务发展

土地流转促进了农业机械化水平的大幅提升，2013 年全县新增大中型农机 7800 多台（套），名列全省县级前三甲，近几年全县大马力机具年均递增 12% 以上。规模经营也催生了众多的新型农业经营主体，既有部分实力较强的经营主体在满足自身需求的同时，向其他主体提供烘干等社会化服务，又有专门的农业全程服务公司，提供从种到收的全程服务。泗洪县依托县乡村三级农技力量，健全农技推广服务体系，农技服务进村入户。

（五）促进集体经济发展

农村产权交易中心成立以来，土地资源得以盘活，农村的"死资产"变成"活资本"。截至 2015 年 11 月底，泗洪县共办理农村产权交易 630 笔，完成交易额 8916.6 万元；累计带动土地流转达 114.8 万亩，占全县耕地面积的 58%。

泗洪县大力支持村级土地股份合作社发展，引导农户以土地承包经营权入股，实行统一经营或对外发包、租赁、股份合作经营等模式，使土地承包经营权变股权、农民变股东。双沟镇高套村、上塘镇石庄村、半城镇前洼村等村级土地股份合作社，入股经营土地 1086 亩，农户在获得保底租金的前提下，还可以根据租金所占股份参与二次分红。目前村级集体依托土地流转牵头成立的劳务、农机、水利和植保合作社有 617 个，每年仅新增耕地发包一项可增加村集体收入 1960 万元，村均近 6 万元。

四、推广农业土地适度规模经营的建议

推进农业现代化、促进土地流转、推进规模经营是大势所趋，但要防止出现推进速度过快、经营主体规模过大、管理服务体系滞后等问题。如果土地流转推进速度超过了农村非农就业的转移速度，经营主体的规模超过了目前的农业社会化服务水平，反而会出现规模不经济，甚至发生严重的经济社会问题。针对泗洪县的做法和经验，提出以下建议。

（一）规模经营要适度

规模过小，务农收入达不到务工收入，农民没有积极性；规模过

大，导致管理粗放，影响土地产出率，影响粮食单产的增长，对本就紧张的土地资源造成了浪费。过分集中土地，还可能加大农村收入差距，影响社会公平。量化的适度规模是动态变化的，总体趋势随着农村劳动力的转移、农业生产手段的改进和社会化服务体系的发展而不断提高。"适度"的标准，有地区差异、有种植类型差异，在不同管理水平的经营者之间也有差异，必须因地制宜、因时制宜。在权衡农业生产经营的适度规模时，必须从自然经济条件、劳动力转移状况、农业机械化水平、劳动力素质、生产效率和社会公平等方面综合考虑，科学合理确定。根据近两年的数据测算，种粮农民要获得相当于城镇居民的收入，户均土地经营规模在130亩左右，一般不宜超过200亩，考虑资金投入能力、家庭自有劳动力等实际情况，劳均经营土地规模一般不宜超过100亩。

对于工商资本开发农业要实行引控结合，建立工商资本进入农业生产环节的准入和监管制度，重点审查工商企业的农业生产能力、产业规划和带动农民方式，严格控制工商资本的用地规模，防止其侵犯农民利益。

（二）建设完备的基础设施

现代农业不仅体现在物质装备水平上，也要体现在现代化的基础设施上。基础设施是现代农业规模发展的主要制约因素，对贫困地区而言更是如此。发展农业适度规模经营，必须把提升农村基础设施水平放在突出位置，着力补短板，加快改善农业生产生活条件，推动传统农业的现代化转型。

以高标准农田建设项目为例。国家为了鼓励个人及社会资本投资高标准农田建设，国家农发办先后与国家开发银行、农发行、农业银行共同推出创新投融资模式加快推进高标准农田建设政策，采取贴息和补贴两种方式，鼓励国有农场以及土地经营达到一定规模的农业产业化龙头企业、农民专业合作社、专业大户、家庭农场等新型农业经营主体参与高标准农田建设。贷款贴息方式是高标准农田建设实施主体负责不低于项目总投资20%的资本金，合作银行给予80%贷款，财政给予不超过15年的全程全额贴息。财政补助方式是项目实施主体负责垫付不低于项目总投资1/3的资本金，另外的2/3由合作银行给予中长期贷款，用资产抵押、第三方担保、土地承包经营权抵押等方式，国家财政采取先建后补的方式，对实施主体垫付的资本金部分（建设总投资的1/3）给予全额补助。

（三）培育新型经营主体，带动传统农户

农业适度规模经营不仅体现在合理的土地规模上，更要有与之相适应的新型经营主体。新型经营主体是组织化系统化的生产力量，也是推进现代农业发展和带动农民持续增收的主导力量。要大力扶持以家庭农场、农民合作社为代表的新型经营主体，以适应农业生产机械化、农业服务社会化和农业经营信息化的发展要求。

（四）政府要加强引导和服务

政府要统筹安排土地流转规模、进度、期限及机制，建立资格审查、项目审核、风险保障金制度等。另外，农民在土地流转中处于相对弱势地位，需要成立强有力的纠纷调解机构和建立有效的工作机制。

第八章

山东省供销社推进服务规模化的
实践与启示

近年来，山东全省农民外出打工增加，农业生产面临"谁来种地"的难题。农业就业人员从 2000 年的 2887.7 万下降到 2013 年的 2108 万，降幅达到 27%，58% 以上的农村劳动力外出打工，1/3 的村达到 70% 以上，农业从业人员中 50 岁以上的比重已超过 40%。另外，随着新型农业经营主体的发展，这些农资需求大的客户与农资供应企业直接建立起化肥农药的直供合约，既保证了农资供应，又降低了采购成本。基层供销社赖以为生的传统生资业务由此受到冲击。

为了应对农业生产的新局面，山东供销社不断推进社会化服务的深度和广度。首先是发轫于汶上等县级供销社的土地托管模式，出外打工的农民将承包的土地以全托或半托方式委托给供销社经营和服务；接着发展到供销社与村集体经济组织"社村共建"，进一步扩大了服务规模；目前已经发展到建立为农服务中心，形成"三公里"托管服务圈。"三公里"托管服务圈的形成，发挥了供销社为农服务中心的规模经济效益，也有效地降低了农户的生产成本，为以服务规模化促进农业现代化的路径做出了有益的探索。

一、山东供销社发展规模化服务的做法

以土地托管为切入点的服务规模化是山东供销社着眼农业生产方式和组织方式变化，解决当前"谁来种地""怎么种地"问题的积极实践。土地托管分"全托管"和"半托管"两种方式。全托管有"流转式"托管、"订单式"托管、"参股式"托管三种类型。"流转式"托管是由村"两委"将农户土地集中起来交由合作社托管，农民按照约定产量或收入取得收益，土地收益的10%～20%给村集体，剩余增产增效收益全部留给合作社；"订单式"托管是按照比市场优惠的价格，对所有生产环节"打包"收取费用，由供销社领办的农机服务合作社承担全程托管任务，正常年份确保一定产量，土地产出全部归农户所有；"参股式"托管是由供销社领办的合作社向家庭农场、种植大户、农民合作社、土地流转企业等市场主体参股，提升农业的产量和效益。半托管是一种"菜单式"托管，围绕代耕代种、统一浇水、病虫害统防统治、统一收获等关键环节提供社会化服务，根据不同的服务收取相应费用。

全托管模式比较适宜家庭农场、种植大户、农民合作社、流转土地的农业企业等众多适度规模的新型经营主体。在少数劳动力绝大部分出去的村、在供销社建立的示范基地或在对产品质量要求较高的订单农户，全托管模式比较普遍。通过集中连片的区域化、规模化、机械化种植，全托管模式提供了产前、产中、产后的全程社会化服务，包括种子、化肥、农药的全程供应，耕、种、收、田间管理的机械化作业，以及订单农产品的销售等，如秸秆还田、深耕、深松、旋耙、镇压、播种、植保防治、灌溉、收获、良种供应、生产资料供应、粮食产品收购、农业技术信息服务等环节。在生产过程中主要采取"六统一"的作业方式。一是统一供种，二是统一测土配方供肥，三是统一机耕机播，四是统一田间管理，五是统一收割，六是统一销售。农机作业全部执行农机管理部门的作业标准，确保作业质量；耕整地作业全部使用大型机械，结合旋耕镇压，提供土壤保墒能力；播种作业结合测土配方施肥，采用精少量播种技术，做到适时适量科学播种；收获环节使用大型联合收割机，配置碎草、秸秆还田及秸秆打捆装置；植保作业根据病虫草害情况及时开展植保和除草作业；灌溉环节做到及时灌溉，不等天靠雨。

半托管模式则比较适合普通农户家庭，每家每户都建立了服务档案，把土地位置、土地亩数、作物品种、服务内容都记录在案，农民需要什么菜单就提供什么样的服务，实现了"土地分散在户，服务统一在社"。供销社依靠规模服务的优势获得利润，从而能够以低于市场的价格向家庭农场、种植合作社及托管农户提供种子化肥等农业生产资料，以高于市场的价格回收农产品。对缺少资金的种植户，供销社还先行垫付其购买生产资料的资金，在粮食收购时予以扣除。

目前，大部分采取提供环节服务的半托管模式，全托管模式逐渐增多。无论是全托管还是半托管，土地托管并不改变农户土地的承包经营权、不改变土地用途、不改变种植的农产品的所有权，实现了"农民外出打工，供销社给农民打工"的双赢。

自2010年9月开始，济宁汶上等一批县级供销社利用自身组织完整、网络健全等特点，率先探索土地托管服务，避免了土地撂荒，给外出打工农民带来了收益，被媒体称为"农民外出打工，供销社给农民打工"。土地托管服务能够把分散的土地经营主体通过服务联结起来，比如机耕、机播、机收等服务，跨越地块和家庭的界限，客观上形成了土地和机械成片作业的规模效益。它把一家一户办不了、办不好的事情办好，比如农田整理、机械深耕、农业技术推广、动植物疫病防控、农产品销售、病虫害"飞防"作业等，既减轻了劳动强度，又提高了效率和效益。它对一些无力耕种或劳力不足的农户，以土地托管、代耕等方式，实施"保姆式""菜单式"服务，有效解决了耕地闲置、经营粗放等问题。

山东省供销社在总结基层案例经验的基础上，将规模化服务确立为供销社"为农服务、壮大自我"的突破口，发展壮大一批农资供应、农机作业、统防统治、农产品加工流通等龙头企业，领办部分农民合作社，拓展和延伸供销社的服务规模，实现了多种形式的适度规模经营。截至 2014 年 12 月，供销社领办农民合作社 9135 个，入社社员 933135 户，服务合作社、家庭农场等新型经营主体 25931 个；发展日用品、农资、农产品等连锁企业 451 家，配送中心 1065 处，经营网点 10 万个，农村社区服务中心 2056 处。

2010～2014 年，山东供销社土地托管规模从 3 万亩增加到 826 万亩，如果考虑复种指数，托管总面积达 1124 万亩，其中经济作物托管面积已达 23.4%[①]。参与的县从 4 个增加到 89 个。

随着土地托管规模的不断扩大，为了提升服务规模化的深度和广度，山东省供销社积极建设为农服务中心。为农服务中心的服务项目主要有以下几类。

一是农户和其他服务主体难以投资、又是农业生产急需的项目，主要体现为增加烘干能力、仓储能力、冷藏能力。

---

① 其中小麦 489 万亩，玉米 343 万亩，水稻 29 万亩，棉花 37 万亩，花生 46 万亩，土豆 14 万亩，瓜菜 42 万亩，果品 66 万亩，还有 56 万亩其他作物。

二是提升农业种植科学水平的项目，如投资智能配肥设备、土壤检测设备。

三是增加市场主体难以提供的农业各环节的设备。在打药环节，山东省供销社专门成立了山东供销农业服务有限公司，开展病虫害统防统治"飞防"作业，2014 年已整合各类飞机 46 架，完成飞防作业 105 万亩。目前，全系统已整合配置飞机近 300 架，飞防面积已达 680 万亩。在浇水环节，联合水利厅、农开办全力推进连片成方的大田作物实施喷灌浇水作业。目前，济宁汶上、曲阜两县市加快实施各 10 万亩的喷灌作业。在晾晒环节，着力推进烘干、贮藏设施建设，解决规模化生产后抢收的时间限制。济宁、潍坊、枣庄、临沂等地都建设了有烘干、晾晒设施的为农服务中心，为开展大田托管提供配套服务。在科学配肥环节，引导并支持各地供销社以乡镇为单位建立测土配肥网点，配备配肥智能机，在社区和中心村设网络终端，积极推进精准施肥。

四是整合市场主体服务，累计整合机械 8570 台。供销社与市场服务主体通过合约关系，形成互补性服务，实现两者共赢。截至 2014 年年底，山东省供销社已建成为农服务中心 365 个，投资总额达 75059 万元。

二、山东供销社推进农业服务规模化的成效

目前，山东供销社规模化服务已从多方面取得了成效。

（一）促进了农业生产节本增效，发挥了规模经济效益

从已经实施的项目看，每亩粮食作物可增产 20%～30%，增效

400~800 元，经济作物增效更是高达千元以上，其中供销社方面可以得到 100~160 元。以小麦为例，农户自种小麦的每亩总收入 1100 元，总成本 960 元，净收益 140 元。土地托管后的每亩总收入 1250 元，总成本 620 元，净收益 630 元，净收益是农户自种时的 4.5 倍。截至 2015 年上半年，土地托管降低总体生产成本 10 亿元，增加效益 22 亿元。

（二）增加了农民收入，促进了农民外出从事非农就业

托管合同规定了根据往年同期收入确定底数，农民按此底数取得粮食或现金收益。此外，服务规模化带来的效益增量部分，除了 70% 以上归农民合作社之外，农民还可以从加入的合作社中取得股息或分红收益。农民签订土地托管合同后，既可安心打工获取务工收入，又能部分享有农业生产带来的收益，不必在农忙时返乡务农。实施土地托管后，每对外出打工的夫妻可增加收入 6000 元以上。山东省汶上县参与土地托管的农民，2013 年节约的外出打工返乡务农成本和直接增加的农业生产收入合计 5300 多万元。2014 年，山东供销社系统帮助"村社共建"的村庄的农民增收 10.8 亿元。

（三）壮大了集体经济

汶上县房柳村在合作协议中明确规定，服务规模化中新增加收益的 10% 归村集体所有，仅此一项村集体收益就达 5.8 万元。山东省梁山县韩塘村在供销社、村两委、合作社三方合作协议中明确规定，服务规模化中增加收益的 10% 归村集体所有，2014 年全村粮食每亩增收 500 元，3000 亩托管土地给村集体带来的收益就达 15 万元。2014 年，山东省参与"村社共建"的村集体增收 1.7 亿元。

（四）供销社自身得到了发展

供销社通过现代农业服务规模化，促进了供销社基层组织体系向村居延伸，经营服务体系向田间地头延伸，进一步密切了与农民的利益联系，使供销社在全托或半托服务中得到较高的经济收益。2014年，全省基层供销社和社有企业实现盈利9809万元。山东省汶上县供销社土地托管面积6.4万亩，实现服务收入1821万元；山东省郓城县张营供销社托管土地2.1万亩，在助农增收的同时每年可从中实现盈利150多万元。

三、山东供销社推进农业服务规模化的启示

山东供销社推进农业服务规模化的探索具有鲜明的特点。一是土地托管并不影响农民的承包经营权，避免了制度风险。二是土地托管实现了规模效应，加快了农业生产方式转变，还为下一步的制度创新留下了空间。三是服务规模化促进劳动力转移，增加了农民收入，也促进了供销社自身的发展。四是保留了农村的经济体系，健全了社会服务体系，稳定了农村的治理结构。

山东供销社推进农业服务规模化的经验提供以下几点启示。

（一）农业劳动力供求的变化是推进服务规模化的前提

山东供销社系统近年来的"土地托管"模式取得了明显效果，但如果在20年前就推进，则难以成功。因为大面积的土地托管是源于劳动力供需关系的变化。如果劳动力的机会成本不够高，农户就不愿把部分作业环节外包出去、委托出去。当前，由于人工成本的上升、非农就业收入的增加，农户将部分生产环节或者全部生产环节外包可能

代价更低，综合收益更高。这是土地托管服务经济上可持续、进而做大做强的最根本原因。

（二）比较优势是推进服务规模化的重要条件

农业生产依赖于多个环节，不同环节上的最优规模不同。新型经营主体往往是在耕种面积上实现了最优规模，在生产链条的其他环节则并不是最优规模的。而供销社系统的农业服务中心以 3～5 公里为半径、3 万～5 万亩为服务范围，服务规模远远超过了家庭农场、大户和一般意义的合作社。在仓储烘干、统防统治、机械深耕等作业环节，农业服务中心比新型经营主体更具规模优势，能够更有效地实现这些环节的规模经济。

一是在投入品采购方面的价格优势。供销社长期从事农资采购，采购规模大，议价能力强，能够以更低的价格采购到化肥、农药。

二是在技术服务和经营管理上的人才优势。长期以来，供销社为了推进"技物结合"，开办过"庄稼医院"等技术服务，储备了一些农业技术人才。另外，供销社系统培养了不少管理人才，虽然由于流通体制的变革导致了部分人才流失，但队伍主体仍然保留。

三是在争取政策支持时的组织优势。跟社会其他服务组织比，供销社有全国性上下联动的组织体系和网络体系，历史悠久，信誉良好，能够更有效地争取财政项目资金的支持。

四是有治理结构和治理机制的创新优势。供销社充分发挥自身在推动一、二、三产业融合发展中的有利条件，加强与农业龙头企业的产权联结，打造全产业链、一体化经营新模式。农业服务中心的产权关系非常清晰，通过产权纽带，与县供销社、农民专业合作社建立了紧密的利益联结机制，让每一个农民专业合作社背后都联系着上百、几百个农户，更有效地实现土地托管服务规模化。

四、推进农业服务规模化的政策建议

一是以农业生产组织化促进社会服务规模化。随着各类新型经营主体的发展，农业生产中对社会化服务的需求将越来越大。供销合作社应发挥扎根农村、联系农民、点多面广的优势，与农民开展合作式、订单式生产经营服务，搞好产销对接、农社对接，提高服务的规模化水平。

二是要处理好专业化和综合化服务的关系。目前为农服务中心的服务项目众多，为农户搭建了一张综合化服务的大网，但单就每一项服务内容来说，需要以专业化的态度做到精益求精。应打造自己的特色服务产品和核心竞争力，根据各自的服务优势进一步促进分工细化，做大每一个项目的服务规模和市场容量，以刺激资本深化和技术进步，形成专业化、综合化与规模化的良性互动。政府在扶持为农服务中心时应根据各自优势，从服务内容的角度进行针对性的精准扶持，使扶持取得更好的效果。

三是推进服务规模化要注意保护农民的利益。未来在规模化经营的过程中，工商资本的比重可能会越来越大，公司化的倾向也会越来越明显。要逐步把组织化的措施实施得更精细、更深入，让更多的农户进入这个体系当中，规定农民持股不低于某一比例的限制（山东供销社目前的实践是农民最后至少控股56%），切实保护农民的利益。在保障为农服务中心"为农"服务基本属性的前提下，引入社会资本提高组织化水平和管理运营能力，提升为农服务能力，发挥规模经济效益。

第九章

吉林省松原市前郭县新型农业经营主体经营情况调研

松原市位于松花江畔，在吉林省的中西部，地处哈尔滨、长春、大庆三角地带，松嫩平原南端，南与长春市、四平市为邻，西与白城市、内蒙古通辽市接壤，北隔松花江与黑龙江省相望，经济总量位居吉林省第三位。松原市辖 1 个市辖区（宁江区）、1 个县级市（扶余市）、2 个县（乾安县、长岭县）和 1 个自治县（前郭尔罗斯蒙古族自治县），面积 2.1 万平方公里。松原市是农业大市，是全国商品粮基地，全市耕地面积 119 万公顷，全年粮食产量保持在 750 万吨左右。

前郭尔罗斯蒙古族自治县（简称前郭县）是全国产粮大县、国家重点商品粮基地县和全省率先实现粮食生产全程机械化示范县，2012 年，被确定为第二批国家现代农业示范区。拥有东北四大灌区之一的前郭灌区，灌区水稻种植面积 60 万亩，水稻种植技术处于全省领先水平，连续多年在全国单季稻高产攻关活动中亩产排名全国第一。全县耕地面积 483 万亩，粮食作物种植面积 433 万亩，基本形成了南部玉米、中部水稻、北部瓜菜、西部杂粮的种植格局。全县市级龙头企业

49 户，省级龙头企业 11 户，拥有"查干湖胖头鱼""长山化肥"等 4 个中国驰名商标。2015 年，粮食产量达 340 万吨，农业农村经济总收入达 160 亿元，农村常住居民人均可支配收入达 12000 元。

一、新型经营主体发展的现状

松原市积极引导农村土地有序流转，有力地支持了各类新型经营主体的迅速发展。一是建立农村土地流转登记备案制度，确保流转主体和流转行为符合有关法律法规的规定。二是建立土地流转合同管理制度，指导流转双方在自愿协商的基础上，使用统一的土地流转合同文本，建立稳定规范的流转关系。三是实施农村土地流转动态监测制度，及时掌握农村土地流转情况。四是加强对农村流转土地使用情况的监督，防止经营者损害生态环境、搞掠夺式经营和随意改变土地用途等行为。

截至 2015 年年底，松原市农村土地流转面积达到 358.9 万亩，占耕地面积的 22.4%；流转户数 9.5 万户，占农户总数的 18.3%。从土地流转的形式看，土地流转以转包为主，转包面积 306.5 万亩，出租面积 15.2 万亩，其他面积（抵押、互换、转让等）37.2 万亩（表 9－1）。

表 9－1　　　　　　松原市农村土地流转情况统计

土地流转形式	面积（万亩）	比重（%）
转　包	306.5	85.4
出　租	15.2	4.2
其　他	37.2	10.4
土地流转总面积	358.9	100

资料来源：据松原市汇报材料《关于松原市新型农业经营主体发展情况的汇报》。

从流转期限看，流转期限通常是 1 年，流转期限为 1 年的有 292.7

万亩，2～5 年的 33.2 万亩，6～10 年的 7.1 万亩，10 年以上的 25.9 万亩（表 9 - 2）。

表 9 - 2　　　　　　　松原市农村土地流转期限情况

土地流转期限	面积（万亩）	比重（%）
1 年	292.7	81.5
2～5 年	33.2	9.3
6～10 年	7.1	2.0
10 年以上	25.9	7.2
土地流转总面积	358.9	100

资料来源：据松原市汇报材料《关于松原市新型农业经营主体发展情况的汇报》。

（一）农民专业合作社

松原市各级党委、政府把发展农民专业合作社作为创新农业经营体制、推进农业现代化建设的重要手段，成立了全市农民专业合作社建设领导小组，先后制定出台了《关于积极推进农村经营体制创新的指导意见》和《关于加快农民专业合作社发展的实施意见》等政策规定，并把农民专业合作社发展工作列为农村经济发展和政府绩效考核的重要内容，分解落实到各县（市、区）政府。松原市连续 4 年举办农民专业合作社辅导员、带头人和财务人员培训班，培训人数达 2000 余人次。松原市各级农业（农经）部门加强指导服务，培育市级示范社 15 个、县级示范社 75 个。2009～2014 年，松原市共申报国家和省级示范社 70 多个，获得国家和省级补助资金 1000 多万元。

截至 2016 年第一季度末，松原市农民合作社达 4692 个，是 2010 年松原市农民合作社数量的 3.5 倍，农民合作社的数量年均保持了 24% 的高速增长。合作社入社社员达 7.4 万人，占农民总数的 14.8%；带动非社员农户 8.2 万户，占农户总数的 16.4%。这其中，规模较大、运行比较规范的合作社有 200 多个。

截至 2015 年年底，前郭县全县农民专业合作社共有 861 个。其中，种养结合专业合作社 169 个，种植业专业合作社 298 个，养殖业专业合作社 227 个，农机专业合作社 101 个，其他各类专业合作社 66 个（表 9 - 3）。全县合作社发展成员达到 4672 人，带动非成员农户 39896 户，占全县农户总数的 36%。

表 9 - 3　　　　　　　前郭县农民专业合作社发展情况

农民专业合作社类别	数量（个）	比重（%）
种养结合专业合作社	169	19.6
种植业专业合作社	298	34.6
养殖业专业合作社	227	26.4
农机专业合作社	101	11.7
其他专业合作社	66	7.7
总　　计	861	100

资料来源：据前郭县汇报材料《前郭县新型农业经营主体发展情况》。

农民专业合作社覆盖领域非常广，种植业合作社不仅涵盖了玉米、水稻等大田作物，还涵盖了菌类、葡萄、香瓜、西瓜、花生、林果等特色农作物；养殖业合作社不仅涵盖了猪、牛、羊和家禽，还涵盖了奶业和渔业养殖；服务类合作社不仅涵盖了农机服务、植保服务和土肥服务，还涵盖了休闲采摘等业态。合作社发展模式多样，有农民自发兴办的、专业大户和龙头企业带动兴办的、农村经纪人带头领办的、村级组织和村级干部领办的、农机人员指导创办的等，村级组织和村级干部领办的合作社的活力较强。在生产环节，合作社不断创新合作方式，根据生产发展需要和区域市场优势，积极培育具有区域特色的主导产业和主导产品，打造优势特色产品，规模不断壮大。在销售环节，合作社积极培育品牌，扩大产品附加值，拓展市场销售领域，不断增强合作社的带动力和影响力。合作社通过农户间的联结与合作，提高了农民的组织化程度，降低了生产环节中化肥、种子、农膜等采购成本，节省了流通环节各方面费用，增强了市场话语权，使农民更多分享到了全产业链附加值。以前郭县八郎镇聚丰源合作社为例，合作社现有水稻种植基地 1100 公顷，统一生产计划、统一供应农资、统一技术指导、统一产品认证、统一指导服务、统一加工销售，年利润达 1083 万元。

总的来说，虽然前郭县农民专业合作社具有一定的普及面，但主要是规模小、经营分散、生产技术低、管理不够规范的小规模农民专业合作社，甚至有些合作社成立的目的并不在于生产经营，而是在于"圈地"，等待土地增值或是套取国家农业政策补贴资金。组织化程度较高的农民专业合作社并不多见，以下是课题组在调研中了解到的几个优秀案例。

【案例 9 - 1】　海勃日戈镇浦会现代农业专业合作社

海勃日戈镇浦会合作社位于前郭县城西部 45 公里，203 县公路南 50 米处，土地平坦肥沃，交通十分便利。合作社正式挂牌成立于 2011 年 3 月 1 日，现有办公场地 5000 平方米，办公室 240 平方米，股东 100 人，土地面积 1.2 万亩，固定资产 320 万元，年产值 1400 万元，有固定的财务人员，健全的财务管理制度和严格的岗位责任制，工商、税务登记等证件齐全。

合作社最初由村支书王文秀同志等 6 名村干部和种地大户入股组成，通过亲朋好友自筹资金 160 多万元，2011 年从腰井子村、孤杨村的农民手中流转土地 350 公顷（合同期限为 10 年），用于种植玉米，并购置大型农用车 6 台，玉米收割机 3 台，各种农机具 30 台（套），新打机电井 20 眼。由于采用了地膜、滴灌等技术，2011 年，合作社平均每公顷产量 2 万斤，实现产值 665 万元，纯收入 70 万元。

2012 年，合作社又从深井子、长发村、乌兰图嘎镇等地的 370 户农民手中流转土地 350 公顷（合同期限为 10 年），新购机车 13 台，大型玉米收割机 4 台，新打机电井 20 眼，新购柴油机 15 套，安置本村农民务工 220 人。截至 2012 年，合作社拥有机车 19 台、收割机 7 台、机电井 42 眼、各种农机具 164 台（套），种植玉米 680 公顷、甜玉米 40 公顷、水稻 40 公顷、金塔辣椒 40 公顷，平均每公顷成本投入 14150 元，每公顷产量 9000 公斤，平均每公顷效益 3.5 万元，实现产值 1400 万元，村收入 280 万元。

2013 年，合作社又新吸收本村 46 户村民入股，新增机电井 18 眼。2013 年并未继续流转土地，而是巩固既有的 1.2 万亩土地，主要种植玉米，全部实现地下滴灌、地膜覆盖。

2014 年，合作社又流转土地 9200 亩，新增机电井 20 眼，新增机械设备 15 台（套）。2015 年，合作社扩大甜玉米种植面积，投资 400 万元建设 1 座面积达 3000 平方米的冷库，可储存 1.8 万吨甜玉米；投资 320 万元建设 1 座面积达 2.5 万平方米的粮库，以实现从耕、种、收到产、加、销方向发展，延伸农业产业链，提升效益。

【案例 9－2】　　前郭县联原蛋业农民专业合作社

前郭县联原蛋业农民专业合作社位于查干湖镇图那嘎村红星牧场西 2 公里处，投资成员 54 人，其中农民占 85%。合作社占地面积 5 万平方米，总投资 6000 万人民币；建设面积共 1.6 万平方米，其中蛋鸡舍 8 栋、库房 3 栋、办公室 2 栋、饲料厂房 1 栋，可饲养蛋鸡 60 万只，现饲养蛋鸡 45 万只。

合作社采用先进的养鸡设备，自动给水给料，自动清粪，消毒设施和消毒设备齐全，已经经过环保部门验收合格，对环境无污染。饲养生产过程中不添加激素和有残留药物，产出的蛋品无任何药物残留，并有多年养鸡经验的兽医师住场指导，预防疫情的发生。

合作社日转化饲料粮食55吨，年需饲料2万吨，可安排当地人员就业55名，人均增加收入3万元。经匡算，每斤鲜鸡蛋市场批发价格3.2元，合作社养殖成本为2.8元，每只鸡年产蛋40斤，每只鸡的产蛋利润为16元左右，加上淘汰鸡利润每只10元，合计每只鸡的纯利润25元以上。合作社年出栏45万只鸡，可获利1200万元的利润。另有年产鸡粪1.3万立方米（每天35立方米，乘以365天），鸡粪可获收入97万元，如建成有机肥厂，每年可生产有机肥5000吨，可获利300万元，合作社年利润总计在1500万元左右。

【案例9-3】　前郭县长山镇腾龙农业技术服务专业合作社

前郭县长山镇腾龙农业技术服务专业合作社成立于2012年，注册地址为长山镇长山村，注册成员59人，成员出资397.49万元，主要经营范围是农副产品购销、运输，农产品初加工服务，技术培训，信息服务。合作社现种植水稻面积200公顷，土地隶属关系为集体荒地竞拍承包经营，合同期限是15年，由合作社集中统一管理种植。合作社还生产经营水稻苗床调节剂，用于水稻育秧阶段，具有消毒杀菌、化控调节、增酸改良、组装营养等多种功效。2014年建成投产1条生产线，设备3台（套），总投资200万元，设计年产苗床调节剂2000吨。合作社为社员和农户提供农业技术培训、作物栽培、土壤调节、测土配方施肥、种子推广等产前、产中、产后服务，每年培训农民120多场，2000多人次，录存工作纪实片段120分钟，现场观摩教学示范50多场，带动农户700户。合作社下属的天庆农业科技有限公司有员工20余人，其中植保、业务人员10余人，高级农技师2人。公司主要经营化肥、种子、农药，独家代理品牌10个，经营品种50个，门市店铺300平方米，仓储库房1000平方米。

合作社设理事长1人，理事4人，执行监事1人，监事2人，总经理1人，副总经理1人，会计1人，销售1人，技术1人，仓储1人。产权关系和管理结构为：1人出资207万元（此人出任总经理），1人出资100万元（此人出任理事长），1人出资31万元（此人出任执行监事），1人出资21万元，1人出资13万元，5人各出资5万元，其余49人平均出资4900元。

合作社建立健全各项管理制度，特别是财务管理制度，设立成员账户，实行财务公开，接受社员监督，合理核算盈余分配。合作社自运行以来，年经营收入平均实现1500万元，成员盈余返还110万元。2015年以来，总资产达到971万元。

【案例9-4】　　鼎诚种植农民专业合作社联合社

鼎诚种植农民专业合作社联合社地处前郭县白依拉嘎乡，是由鼎诚种植农民专业合作社、振岩种植农民专业合作社依照《中华人民共和国农民专业合作社法》自愿联合组建的经济联合体。联合社于2014年4月经前郭县工商局核名，注册资金400万元，现有基层经纪人20余人，员工12人，其中安排大、中专毕业生就业4人。其前身颂禾农民专业合作社成立于2009年9月，入社4人，出资共

20万元，主要从事化肥农药的统一采购与统一销售。在农用物资的经营过程中，同800户农民（占全县8万户农户的1%）建立了良好的互信关系，获得了稳定的客户群体。

2014年10月，联合社与北京金禾合农业现代有限公司签订了市级战略合作伙伴关系，成立松原站；2015年9月，经依法转让成立前郭县米老大米业有限公司（注册资金100万元），推出佳家米老大系列绿色、有机产品；2015年10月，投资200万元加盟北京傲禾测土肥业连锁有限公司，成立前郭测土配肥分公司。联合社与800家农户、2家米业加工厂合作，服务耕地面积2400多公顷，建立起村级服务站17个。2015年，联合社与农民签订订单515公顷，由于精准配肥技术的使用，合作农户的水稻产量和品质都得到了提升，合作农户每公顷可增产10%，每斤价格可高1~2分钱，每公顷为农户增加效益700余元。产品目前已销往北京、山东、沈阳、四川等地，销售前景良好。

联合社配肥站利用检测中心的先进检验仪器对农户送检的土壤样本进行精细检测，检测结果输入总公司大型基础数据库。结合农业部大数据资料，根据本地的积温、水分、土壤成分等自然条件，形成连续化数据链，做到真正的精准、平衡施肥服务，确保智能测土配肥机动态配肥的需要。2016年，联合社准备增建4个智能配肥站，到2020年，在松原市将全面铺开智能配肥，改良土壤、改善生态环境、保护和利用好东北黑土地。

联合社对部分订单农业基地、育苗大棚、合作社实验室、智能配肥机等环节安装摄像头，进行实时监控，连接互联网平台做土地认领产品营销。目前已在山东济南和青岛两个城市寻求到土地认领产品销售合作伙伴。未来，将走线上、线下同时运营的营销模式，合

> 作开办全托营销网点和实体店,逐步组建营销网络渠道,拓展产品
> 销售平台。

　　课题组分析了这些优秀合作社的共性特征后认为,它们通过提供组织化规模化的生产和服务,将分散的农户家庭联合起来经营,在不改变土地权属关系的前提下,引导农户围绕共同的市场集中连片生产同一品种、统一规格的农产品,并对生产的各环节提供相应的社会化服务,从而实现生产的组织化、专业化。

(二)种粮大户

　　截至 2016 年第一季度末,松原市共有种养殖大户 2.6 万户。其中,种植大户 2 万户,种植面积达 300 多万亩,占全市种植面积的 19%;养殖大户 0.6 万户,占全市养殖户的 33%,养殖数量达 100 多万头。

　　前郭县共有种粮大户 19144 户,其中,经营面积在 50~100 亩的种粮大户有 14500 户,占 75.7%;经营面积在 101~200 亩的种粮大户有 4150 户,占 21.7%;经营面积在 201~500 亩的种粮大户有 480 户,占 2.5%;经营面积在 501~1000 亩的种粮大户有 13 户,经营面积在 1000 亩以上的种粮大户有 1 户。前郭县种粮大户的粮食经营总面积达 199.6 万亩,粮食总产量 11.86 亿公斤,粮食平均亩产为 593.97 公斤/亩(表9-4)。

表9-4　　　　　　　　前郭县种粮大户粮食生产情况

耕地经营规模 (亩)	大户数量 (个)	粮食总面积 (亩)	粮食总产量 (公斤)	粮食平均亩产 (公斤/亩)
50~100	14500	1338955	724097960	540.79
101~200	4150	503170	357586838	710.67
201~500	480	139525	92359255	661.95

续表

耕地经营规模 （亩）	大户数量 （个）	粮食总面积 （亩）	粮食总产量 （公斤）	粮食平均亩产 （公斤/亩）
501～1000	13	8325	7496000	900.42
1001～5000	1	6000	4000000	666.67
合 计	19144	1995975	1185540023	593.97

资料来源：前郭县农业局汇报材料《农业局关于新型农业经营主体的发展情况汇报》。

由于 14 户耕地经营规模在 500 亩以上的种粮大户不具有代表性，我们只分析耕地经营规模在 50～500 亩的种粮大户。数据表明，亩产最高的是耕地经营面积为 101～200 亩的种粮大户，为 710.67 公斤/亩；其次是耕地经营面积在 201～500 亩的种粮大户，为 661.95 公斤/亩；最后是耕地经营面积在 50～100 亩的种粮大户，为 540.79 公斤/亩。这表明，随着耕地经营规模的扩大，粮食单产呈现出先增加后减少的"倒 U 型"关系。在前郭县，耕地经营面积为 101～200 亩是比较适宜的规模经营区间。在这一区间里，粮食单产最高，有利于发挥土地规模经济效益。

进一步区分作物品种的结果如表 9－5 所示。

表 9－5　　　　　　　前郭县种粮大户水稻、玉米生产情况

耕地经营 规模（亩）	水稻总面积 （亩）	水稻总产量 （公斤）	水稻平均亩产 （公斤/亩）	玉米总面积 （亩）	玉米总产量 （公斤）	玉米平均亩产 （公斤/亩）
50～100	302812	200049560	660.64	1022943	521726016	510.02
101～200	118251	74080417	626.47	372269	281686786	756.68
201～500	31776	17918474	563.90	107749	74440751	690.87
501～1000	3450	3780000	1095.65	4875	3716000	762.26
1001～5000	NA	NA	NA	6000	4000000	666.67
合 计	456289	295828451	648.34	1517851	887569553	584.75

资料来源：前郭县农业局汇报材料《农业局关于新型农业经营主体的发展情况汇报》。

数据表明，前郭县种粮大户的水稻种植面积为 45.63 万亩，水稻平均亩产为 648.34 亩/公斤。其中，耕地经营面积为 500 ~ 1000 亩的种粮大户的水稻平均亩产最高，为 1095.65 公斤/亩；其次是耕地经营面积在 50 ~ 100 亩的种粮大户（660.64 公斤/亩），再次是耕地经营面积在 101 ~ 200 亩的种粮大户（626.47 公斤/亩），最后是耕地经营面积在 201 ~ 500 亩的种粮大户（563.90 公斤/亩）。

前郭县种粮大户的玉米种植面积为 151.79 万亩，玉米平均亩产为 584.75 亩/公斤。其中，耕地经营面积在 501 ~ 1000 亩的种粮大户的玉米平均亩产最高，为 762.26 公斤/亩；其次是耕地经营面积为 101 ~ 200 亩的种粮大户（756.68 公斤/亩），再次是耕地经营面积为 201 ~ 500 亩的种粮大户（690.87 公斤/亩），接着是耕地经营面积在 1001 ~ 5000 亩的种粮大户（666.67 公斤/亩），最后是耕地经营面积在 50 ~ 100 亩的种粮大户（510.02 公斤/亩）。

前郭县的种粮大户以松散承租型的种粮大户为主，有 10744 户，占比 56.2%；规范承包型的种粮大户 2000 户，占比 10.4%；科技承包型的种粮大户 6400 户，占比 33.4%（表 9 - 6）。

表 9 - 6　　　　　　　　　前郭县种粮大户发展情况

种粮大户类别	数量（户）	比重（%）
规范承包型	2000	10.4
科技承包型	6400	33.4
松散承租型	10744	56.2
总　计	19144	100

资料来源：据前郭县农业局汇报材料《农业局关于新型农业经营主体的发展情况汇报》。

规范承包型的种粮大户承包期较长、经营权稳定，多在 10 年以上，承租面积较大，且集中连片。规范承包型大户的承租地大多是集体预留地、农场等非农户耕地，或由乡、村流转农民耕地后，再由大户与乡、村集体签订租地合同，地籍资料健全，合同规范。规范承包型大户通常具有较强的经济实力，给农户的租金也相对较高，其管理水平也较高。

科技承包型的种粮大户往往没有与农户真正签订租地合同，单和农民有协议，种植规模较大，采取统一种植、科学管理、收入分成、分配到户的流转形式。

松散承租型的种粮大户是种粮大户的主体。这类大户的主要特点是承包期限短，承租地块往往难以集中连片，多有"插花"现象，农业机械化程度不高，田间作物的品种、播种时期、播种数量、施肥种类和数量都存在差异。松散承租型的种粮大户与农民签订的合同也不够规范，有的甚至仅有口头协议。与规范承包型和科技承包型的种粮大户相比，松散承租型种粮大户的种植、管理水平较低，亟须进一步促进土地规模经营，更好地发挥规模经济效益。

与普通农户相比，种粮大户的文化素质较高，通常具有中专、高中以上文化程度。种粮大户除从事粮食生产以外，一般都拥有经营性公司或合作社，兼营农产品加工、购销、农业生产资料经营和养殖业，经济实力较强，具有一定的社会影响力。由于种粮大户发挥了土地规模经营的效益，具有一定的经济实力，他们往往有动力和有能力通过改善生产条件，选用新品种、推广新技术等手段进一步扩大生产、提质增效，保障了前郭县的粮食增产。种粮大户改变了一家一户的小农生产方式，使粮食生产趋于规模化和集约化，有效解决了农村劳动力外出务工带来的土地撂荒现象，提高了土地使用率和产出率。此外，种粮大户除了给流转土地的农户带来土地流转收入，还为不能外出打工的劳动力提供了本土就业机会，增加了当地农民的工资性收入，带动了广大农民增收致富。

（三）家庭农场

家庭农场是依法享有农场土地承包经营权的农户，以家庭成员为主要劳动力，从事农业规模化、集约化、商品化生产经营，并以农业为主要收入来源的新型农业经营主体。松原市对家庭农场的认定标准有以下6条。

一是家庭农场经营者应是依法享有农场土地承包经营权的农户。

二是以家庭成员为主要劳动力，常年雇工数量不超过家庭成员务农人员数量。

三是经营土地为家庭承包地和流转土地。土地流转合同规范，并在乡（镇）农经部门备案，流转期限在5年以上，经营土地相对集中连片。

四是家庭农场应有记载财务收支的经营账目。

五是经营规模应达到以下标准：从事粮食生产的，玉米、水稻等种植面积为当地家庭平均承包面积的10~15倍；从事露地蔬菜、瓜果、油料等大田经济作物的种植面积在30亩以上；从事大棚、温室等设施农业的建筑面积达到10亩以上；从事水果业的种植面积达到20亩以上，从事养殖业的，生猪年出栏1000头以上，羊年出栏300只以上，牛年出栏200头以上，蛋禽年存栏1万只以上，肉禽年出栏3万只以上。

六是家庭农场认定由种养大户提出申请，村级组织及乡（镇）政府审核，经农业（农经）部门确认备案，由工商部门办理登记注册手续。

截至2016年4月，松原市在工商部门注册和在农业部门认定的家庭农场1639个，家庭农场经营土地面积361583亩，其中流转经营147340亩，流转经营土地面积占家庭农场经营的土地面积的40.75%。

家庭农场劳动力 5080 个，其中家庭成员劳动力 4052 个，常年雇工劳动力 1028 个，雇佣劳动力占家庭农场劳动力的比重为 20.24%。

前郭县出台了《家庭农场认定登记办法》，全县家庭农场有 152 个，家庭农场的经营面积达 3532.8 亩。

（四）农产品加工企业

松原市共有农村企业近 600 家，多为粮食加工企业，覆盖畜产品、农产品加工，特色农产品种植、杂粮收购等行业。其中，省级重点龙头企业 44 家、市级重点龙头企业 170 家。年加工转化粮食 550 万吨，禽加工量达到 2500 万头（只），带动农户 18 万户；2015 年，全口径农产品加工业销售收入 740 亿元，比 2014 年增加 40 亿元。松原市各级龙头企业省级名牌产品 21 个，省级农博会名牌产品 54 个，有机品牌 50 个，绿色品牌 38 个，无公害品牌 42 个。松原市农产品注册商标达 270 余个，其中吉林省著名商标 36 个，前郭尔罗斯大米、扶余老醋、长岭粉条、扶余四粒花生、乾安黄小米等 5 种产品已被国家工商总局认定为国家地理标志商标。

前郭县有农产品加工企业近 500 家，主要从事粮食、畜禽产品、水产品加工。其中，规模以上工业企业 53 家，省级农业产业化龙头企业 11 家，市级农业产业化龙头企业 49 家，年销售收入亿元以上的农产品加工企业 50 家。全县农产品加工业实现营业收入 165 亿元，利润 10 亿元，上缴税金 1 亿元。

随着新型经营主体的不断涌现，前郭县土地规模化集约化经营的面积达 160 万亩，占全县耕地总面积的 33.3%。前郭县的土地集约化经营有以下 4 种模式。

一是以王府站镇广臣农民专业合作社、共创合作社为代表的"联合体专业合作社＋合作社（家庭农场）＋农户"的经营模式，通过采取统种统收、统种分收等形式，实现统一生产耕种，发挥土地规模经济效益。

二是以松粮集团、北显、二马泡等公司为代表的"企业＋基地＋农户"的经营模式，通过土地规模经营、订单农业、牧业小区建设及建立农村合作经济组等多种形式提高农民组织化程度，扩大龙头企业与基地、农户的合作范围。

三是以海勃日戈镇浦会农业生产专业合作社为代表的"合作社＋农户"的经营模式，通过建立完善利益分配机制，实行"二次分红"，提高入社成员收入，促进土地流转。

四是以蒙古艾里乡马莲、白依拉嘎乡王秀兰等种粮大户为代表的家庭农场式经营模式，以家庭为单位，家庭成员共同经营，推动土地集中经营。

以松粮集团为例。松原粮食集团有限公司成立于 2012 年 7 月，松粮集团注册资本 1.2 亿元，集团下属全资子公司 5 家，控股子公司 5 家，直属粮库 5 个，专业合作社 26 个，加盟企业 15 户。现有职工 300 余人，各类专业技术人员 240 余人，农业生产基地农户 1 万余户。松粮集团产品以"查干湖"[①] 为品牌，已经打造出"查干湖"大米等 10 大系列。集团现有仓储能力 50 万吨，年加工能力 30 万吨。2015 年"查干湖"品牌大米销量近 6 万吨，销售额突破 3 亿元。松粮集团还承担了宁波市异地储备优质水稻 3 万吨的任务，开启了浙江与吉林异地储备的先河。

---

① 查干湖位于前郭县西北部，蒙语意为"白色的湖"，是全国六大淡水湖之一，是吉林省最大的内陆湖泊。查干湖水域面积 420 平方公里，盛产鲤鱼、鲢鱼、武昌鱼等 15 科 68 种，年产鲜鱼 5000 多吨。

　　松粮集团采用"企业+基地+农户"的模式，提高农业生产的组织化程度和标准化水平，从而降低农业生产成本、提高产品品质。与松粮集团合作的中小型工厂全部位于优质水稻生产区域内，每个工厂辐射半径5～10公里，发展2～3个专业合作社，以品种定产量、以品质论价格，确保农民增收和原粮的品质。未来，合作社还将逐步改造为股份制农场，加快规模化、机械化、标准化、精准化的生产步伐。2016年的水稻合作订单种植面积达10万亩，农户亩均增收100元以上。

　　"品种确定品质、品质决定品牌"，松粮集团从品种选育、推广到产品品质检测、监管，从品牌的文化内涵、价值体现到营销的店面设计、形象输出，都形成了统一的标准，形成流程化管理链条。目前，已制定各类标准体系15项，已实施标准体系管理12项。以品种选育为例，松粮集团高度重视科技支撑，把优质水稻的品种研发、引进和推广作为基础性工作，每年投入资金支持旗下水稻示范基地的几十种实验示范品种。

　　松粮集团全面实施"一园一联一区一金"发展战略，通过建设"查干湖"优质大米品牌带动松原、白城地区的所有水稻加工企业和水稻种植户，积极探索吉林省西部稻米产业集群发展和品牌整合发展，取得了一定的成效。

　　"一园"指的是"查干湖大米产业园"。在松原市和前郭县政府的大力支持下，松粮集团在前郭县征得土地30万平方米，开工建设"吉林省查干湖大米产业园有限公司"，园区位于前郭县水稻主产区核心位置——前郭县白依拉嘎乡。"查干湖大米产业园"首期投资3500万元，已经建成4栋5.5万吨仓容的粮食储存标准仓，并进行全国首个"智能型光伏粮食低温储藏仓"试点建设。产业园以一家大米年加工能力10万吨的核心企业为龙头，吸纳加盟企业5个，年加工能力达到20万吨；辐射水田面积30万亩，建立农民专业合作社10个，带动户均增收3000元。产业园还计划建立农产品检测中心、区域水稻交易中心和北方粳稻信息发布中心，打造国内品质一流的大米生产基地

"一联"指的是"查干湖大米产业联盟"。为强力打造"查干湖大米"这一地域品牌，改变过去小、散、乱的生产局面，提升查干湖大米的核心竞争力，松粮集团倾力打造跨区域、跨行业的"查干湖大米产业联盟"，带动中小企业发展。产业联盟的集群发展使每个加盟企业都有充足的原粮保障，重点销区市场有了优质的产品供应，初步实现了地域品牌与企业效益的良性互动。"查干湖大米产业联盟章程"已于2015年5月正式订立，首期加盟重点企业跨松原、白城两地，共14户。松粮集团与这14户企业组成的"查干湖大米产业联盟"注册总资本2.2亿元，固定资产总额12亿元，总占地面积51.9万平方米，总建筑面积12.8万平方米，总仓容40.9万吨，年加工能力50万吨，年销售能力30万吨。

"一区"指的是"查干湖大米生态群落保护区"。为保护东北的黑土地资源，维持原生态的大米种植环境，松粮集团联合前郭灌区共同打造"查干湖大米生态群落保护区"。黑土地生态群落保护区初步规划面积为800平方公里，是吉林省西部生态经济区的重要组成部分。预计到2020年，"查干湖大米生态群落保护区"核心区保护水稻种植面积可达4万公顷，总产量达30万吨；到2025年，"查干湖大米生态群落保护区"核心区保护水稻种植面积可达6万公顷，总产量达50万吨。

"一金"指的是"吉林松粮三农小贷有限公司"这一金融平台。松粮集团通过这一金融平台发挥融资能力，为合作企业提供订单资金

和原粮收购资金，合作企业按照松粮集团的标准生产"查干湖大米"，并运用各自的销售渠道进行销售，双方实现共赢。2015 年，吉林松粮三农小贷有限公司向 4 户查干湖大米联盟企业提供秋粮收购资金 1544 万元，用于各企业收购各自农业合作社的订单水稻，共计收购水稻 6000 多吨。此外，吉林松粮三农小贷有限公司还向三户查干湖大米联盟企业提供短期快捷资金三笔，贷款余额 611 万元；向前郭县平凤乡、乌兰图嘎乡等乡镇的 50 家农户发放小额信贷 50 笔，贷款余额 181 万元。2015 年，吉林松粮三农小贷有限公司累计信贷余额 2336 万元，为"查干湖"大米品牌的发展和订单农户的发展提供了更便捷、更灵活、更高效的信贷扶持。

二、涉农机构积极支持新型经营主体发展

（一）涉农金融机构积极支持新型经营主体的基本情况

为进一步加大对各类新型农业经营主体的资金扶持力度，松原市人民银行组织辖内涉农金融机构围绕"资金支撑、信息指导、产品创新、优质服务"四项任务，积极推行主办行制度。总体而言，农行主要服务专业种粮大户，农发行主要服务龙头企业，农商行和联社主要服务家庭农场，阳光村镇银行主要服务农民专业合作社。各涉农金融机构注重发挥主体作用，准确定位，为新型农业经营主体量身定做金融产品，满足其资金需求。据松原市金融办提供的材料，截至 2015 年年末，松原市涉农贷款余额达 488.47 亿元，比 2015 年初增加 121.98 亿元，增速为 33.28%。截至 2016 年 3 月末，松原市涉农县域金融机构共 17 家，对接 211 户新型农业经营主体，其中家庭农场 70 户、农民专业合作社 42 户、农业龙头企业 16 户、种植大户 46 户、养殖大户

37 户。

截至 2015 年年底，前郭辖区涉农金融机构为各类新型农业经营主体发放贷款余额为 35854 万元（表 9 - 7）。涉农贷款期限大多为 1～3 年，利率定价水平从基准利率到上浮 250% 不等。农发行发放的贷款执行基准利率，农行发放的贷款利率为基准利率上浮 30%，农信社与阳光村镇银行的贷款利率则相对较高，阳光村镇银行的贷款利率大多执行基准利率的 175%～250%。

表 9 - 7　　　　　前郭县涉农金融机构支持新型农业经营主体情况　　　　单位：万元

涉农金融机构	2015 年累放金额	2015 年末贷款余额	其中：不良贷款余额	不良率
工商银行				
农业银行	4203.00	4901.00		
中国银行				
建设银行				
邮储银行	3000.00	7516.00		
吉林银行				
农村信用社	661.00	661.00		
村镇银行	14227.00	6650.00		
农村发展银行	9080.00	9080.00		
九台农商行	2400.00	2100.00	800.00	38.10%
合计	33571.00	30908.00	800.00	2.59%

填表说明：①本统计表"累计金额""贷款余额""不良贷款余额"均为新型农业经营主体的数据。②新型农业经营主体包括：龙头企业、农民合作社、家庭农场、专业大户。③请勿更改表格结构。

资料来源：据中国人民银行前郭县支行汇报材料《前郭关于金融支持新型农业经营主体发展情况报告》。数据截至 2015 年年底。

大多数农业经营主体融资需求资金量较大、季节性较强、用款集中。前郭辖区内各金融机构在传统的个人生产经营贷款、农户信用贷款、联保贷款等信贷产品上，增加了不同的信用评级，提高其授信额度，并针对新型经营主体的融资特点，与农经局、农机局、金融办等当地政府部门合作，创新了多项信贷产品。例如，农行的农村个人生产经营贷款、农机购置农户贷款；农村信用联社的土地收益保证贷款、农民专业合作社法人贷款；邮政储蓄银行的小额贷款—家庭农场和小额贷款—专业大户；惠民村镇银行的新型农业经营主体＋房屋抵押、新型农业经营主体＋担保公司担保等信贷产品。这些信贷产品期限以一年为主，担保方式主要采用抵押、质押、担保公司保证、公司保证、合作社成员联合保证等方式，更加适应新型农业经营主体的资金需求。

1. 农机购置农户贷款（简称"农机贷"）

该产品是针对农机专业合作社、农机大户等农村新型经营主体发放的贷款，采取农机经销商担保、购置的农机具抵押的担保方式；贷款利率执行人民银行当期基准利率基础上上浮 30%；贷款期限 1～3 年，最长不超过 5 年；自然人单笔贷款金额不超过 1000 万元。截至 2016 年 3 月末，前郭县农行发放农机贷 76 笔，发放贷款 1560 万元。

2. 农村土地承包经营权抵押贷款（简称"农地贷"）

该产品主要针对种植大户、专业合作社、家庭农场等新型经营主体发放贷款。准入条件为种植土地面积在 50 亩以上、具有一定种植经验的农户；贷款利率执行人民银行当期基准利率基础上上浮 30%；贷款期限 1～3 年，最长不超过 5 年；自然人单笔贷款金额不超过 1000万元。

按照《吉林省农村土地经营权抵押贷款试点工作方案》的要求，松原市选择前郭县和长岭县作为农村土地经营权抵押贷款试点县。截至 2015 年年底，试点县共开展农村土地经营权抵押贷款业务 45 笔，抵押农用地面积 4306.7 亩，贷款总额 1045.5 万元。其中，前郭县开展农村土地经营权抵押贷款业务 42 笔，抵押农用地面积 3843.4 亩，贷款总额 1045.5 万元。前郭县农行发放贷款 25 笔，贷款额度 1006 万元；前郭县阳光村镇银行发放贷款 17 笔，贷款额度 39.5 万元。长岭县开展农村土地经营权抵押贷款业务 3 笔，抵押农用地面积 463.3 亩，贷款总额 119 万元，由长岭县农行发放（表 9 - 8）。

表 9 - 8　　　　松原市农村土地承包经营权抵押贷款试点情况

	业务数量（笔）	抵押农用地面积（亩）	贷款总额（万元）	亩均获得贷款金额（元/亩）
长岭县	3	463.3	119.0	2568.5
前郭县	42	3843.4	1045.5	2720.2
松原市	45	4306.7	1164.5	2702.8

资料来源：作者据松原市汇报材料《关于松原市新型农业经营主体发展情况的汇报》整理。

调研组在前郭县进一步了解到，截至 2016 年 3 月末，前郭县全辖区涉农金融机构发放"农地贷" 1123 笔，放款金额 4575 万元。其中，农行针对 40 户农户发放贷款 46 笔，放款金额 1468 万元；阳光村镇银行发放贷款 877 笔，放款金额 2493 万元；农村信用社发放贷款 200 笔，放款金额 614 万元。

3. 土地收益保证贷款

该产品是以取得土地承包经营权证的农户为贷款对象，以土地流转收益做还款保证，向农户发放的用于种植、养殖和生活消费资金需求的贷款。贷款额度不超过农户土地收益评估价值的70%，期限为 1 ~ 3 年，利率在人民币贷款同档次基准利率基础上上浮30%。

为解决农村金融主体在申请贷款时缺少有效抵（质）押物的融资难题，松原市积极开展农场土地保证收益贷款试点工作。截至 2016 年 3 月末，松原市已有 8 家金融机构参与到试点工作中，累计发放土地收益保证贷款 1772 笔、贷款余额 4795 万元。

前郭县制定了《前郭县开展土地收益保证贷款试点工作实施方

案》《前郭县开展土地收益保证贷款试点工作的实施细则》《前郭县开展土地收益保证贷款试点工作暂行管理办法》《前郭县开展土地收益保证贷款试点工作评估办法》《前郭县开展土地收益保证贷款试点工作办理流程》《前郭县开展土地收益保证贷款土地经营权挂牌流转暂行办法》等相关文件，并出资成立前郭县物权融资发展责任有限公司，与农户签订土地流转协议，为农户贷款提供保证。县农经局积极配合县物权公司及金融机构的工作，在各乡镇农经站抽调人员到物权公司，充当物权公司在各乡镇的工作人员。根据《前郭县开展土地收益保证贷款试点工作实施方案》，借款人将土地承包经营权证书上土地面积的1/3用作"口粮田"，其余2/3可用于土地收益保证贷款。金融机构根据借款人的生产经营状况、偿债能力、贷款真实需求、信用状况和当地农村经济发展水平等因素，合理确定贷款额度。一般情况下，根据借款人流转给物权公司的实际土地面积，按照流转收益评估价值的70%～90%乘以贷款期限，就可以算出借款人可申请的最大贷款金额。

最大贷款金额＝承包土地面积（与土地承包证一致）×0.67×（70%～90%）×单位面积每年流转评估价×贷款期限

截至2016年3月末，前郭县物权公司已先后在蒙古艾里乡、长山镇、白依拉嘎乡等10多个乡镇开展土地收益保证贷款试点工作，实现贷款业务567笔，总金额2128.79万元。其中，吉林郭尔罗斯农村商业银行2019.29万元；最高贷款额度30万元，最低贷款额度8000元；涉及土地面积11807.43亩、农户567户，最高利率7.9%（3年期），最低利率7.5%（1年期）。截至2016年4月末，县物权公司已审批通过贷款700笔，5月末发放贷款金额达3500万元。

4. 农经贷

该项产品由阳光村镇银行开办，主要只用于农村合作社、农机协会、农产品中介经纪人等农村社会团体。贷款期限两年以内；贷款利率在基准利率基础上上浮175%～250%；贷款金额单笔不超过300万元。

截至2016年3月末，前郭辖区涉农金融机构为各类新型农业经营主体发放贷款余额为42479万元。其中，支持龙头企业19894万元，支持农业专业合作社2388万元，支持家庭农场119万元，支持专业大户20078万元（表9-9）。

表9-9　　　　　　前郭县新型农业经营主体获得信贷资金情况

	户数（户）	累计发放贷款金额（万元）	贷款余额（万元）	贷款期限（年）	不良贷款余额（万元）	不良率（%）
龙头企业	26	39802	19894	1～3		
合作社	21	2388	2388	1	69	2.89
家庭农场	12	138	119	1～15		
专业大户	1352	24119	20078	1～5	560	2.79
总　计	1411	66447	42479	1～15	629	1.48

填表说明：①数据截至2016年3月末。②贷款期限，各金融机构情况不一的，可填写全辖区总体情况。文字表述清楚即可。

资料来源：据中国人民银行前郭县支行汇报材料《前郭关于金融支持新型农业经营主体发展情况报告》。

（二）涉农机构积极支持新型经营主体的做法

1. 提供信贷资金支持

松原市人民银行积极与各金融机构沟通，创新贷款方式，采用担保、互保、产业链联保等多种方式为农业新型经营主体提供资金支持。农村信用社、农业发展银行、阳光村镇银行、惠民村镇银行等涉农金融机构深入农业经营主体，对其经营状况进行调查了解，根据其实际情况给予适当资金支持。对能够提供抵押品的，发放抵押贷款；不能提供抵押的，积极寻求担保公司的支持，发放担保贷款。为经营主体开辟绿色通道，缩减办贷流程，及时发放各类贷款。通过推广农户小额信贷、农户联保贷款、个体协会贷款等业务，各涉农金融机构为新型经营主体提供了信贷支持，并积极提供支付结算等金融服务，在一定程度上缓解了新型农业经营主体的融资难问题。2015 年年末，松原市全辖区对新型农业经营主体的不良贷款余额为 0.17 亿元，不良率仅为 0.32%。截至 2016 年 3 月末，松原市全辖区对新型农业经营主体贷款余额为 25.23 亿元。

此外，为了减轻新型农业经营主体经营负担，降低融资成本，农业银行给新型农业经营主体的贷款利率由上浮 50% 下降到上浮 30%，邮政储蓄银行给新型农业经营主体的贷款利率下调 0.1 个百分点，并在一年内给予减免两次利息。为了更贴合新型农业经营主体的生产周期，松原市人民银行协调金融机构适当延长了对新型农业经营主体的贷款期限，由原来的 1~3 年，延长到现在的 1~10 年，保证贷款期限与经营周期同步。

2. 大力推进农业保险

2015 年，松原市通过招投标确定农业保险承办机构，宁江区中标公司为人保和安华两个保险公司，其余四县均为安华、人保和安盟三家保险公司。2015 年，松原市农民自交保费 2808 万元，农业保险参保面积为 49.9 万公顷。其中，安华保险公司承保面积 18.2 万公顷，人保保险公司承保面积 15.8 万公顷，安盟保险公司承保面积 15.9 万公顷。为进一步规范农业保险行为，提高农业保险从业人员素质，松原市于 2015 年 7 月开始，利用半个月的时间，对前郭县、扶余市、宁江区和两个开发区的县、乡、村从事农业保险工作的具体人员进行业务培训，培训内容为农业保险政策解读、农业保险承保业务流程和农业保险行业规范，培训共进行了 7 期，培训人数达 750 人。2015 年 9 月，松原市对长岭县和乾安县的农业保险人员 265 人进行了培训。

3. 积极争取农业综合开发项目的资金支持

"十二五"期间，松原市共争取农业综合开发项目 94 个，其中扶持新型农业经营主体项目 50 个，总投资 9985 万元，中央投资 2335 万元，地方配套 934 万元，自筹 6716 万元（表 9 – 10）。

表 9 – 10　松原市农业综合开发项目扶持新型农业经营主体情况

项目资金来源	金额（万元）	比重（%）
中央财政资金	2335	23.4
地方财政配套资金	934	9.3
自筹资金	6716	67.3
总　计	9985	100

资料来源：据松原市汇报材料《松原市农业综合开发鼓励新型农业经营主体情况》整理。

市本级农业综合开发扶持新型农业经营主体项目共争取 16 个，总投资 6706 万元。其中，中央财政资金 1581 万元，省级配套资金 639 万元，县区财政配套资金 108 万元，自筹资金 3378 万元，银行贷款 1000 万元（表 9 – 11）。

表 9 – 11　松原市本级农业综合开发项目扶持新型农业经营主体情况

项目资金来源	金额（万元）	比重（%）
中央财政资金	1581	23.6
省级财政配套资金	639	9.5
县区财政配套资金	108	1.6
自筹资金	3378	50.4
银行贷款	1000	14.9
总　计	6706	100

资料来源：据松原市汇报材料《松原市农业综合开发鼓励新型农业经营主体情况》整理。

　　根据松原市本级上报国家农发办的 2016～2018 年三年产业化扶持规划，松原市积极申报蔬菜生产和粮油加工类产业化经营项目。项目申报的主体是，2015 年 1 月 1 日前成立的具有法人资格、持续经营一年以上的龙头企业和农民专业合作社，经有关部门认定或登记的专业大户、家庭农场、农业社会化服务组织等新型农业经营主体。项目扶持方式是补助或贴息。财政补助规模在 100 万～300 万元，补助金额不高于自筹资金。贷款贴息是 2016 年 1 月 1 日至 2016 年 12 月 31 日已实际发生的贷款并已经支付的银行贷款利息。固定资产贷款要求单笔在 300 万元以上，最高不超过 1 亿元；流动资金贷款单笔 100 万元以上，且累计达到 500 万元以上，最高不超过 1 亿元。

（三）涉农金融机构积极支持新型经营主体取得的成效

1. 支农、惠农金融体系日趋完善

　　2015 年，前郭县农村信用联社改制为郭尔罗斯农商行。2016 年，延边农商行松原分行在松原市落户。2015 年，松原市引进了两家村镇银行，实现了县域村镇银行的全覆盖。截至 2016 年 3 月末，松原市三家村镇银行存款余额达 136.27 亿元，占全部金融机构存款余额的 13.62%；贷款余额 70.21 亿元，占全部金融机构贷款余额的 7.93%。截至 2016 年 3 月末，松原市已开业运行的小额贷款公司总数达 68 家，活化民间资本共计 12.41 亿元，累计发放贷款 9591 万元，贷款余额 7.82 亿元。

2. 顺利完成粮食收购任务，保护了种粮农民的利益

　　这项工作主要是由松原市农业发展银行支持的。松原市农发行是全市唯一一家国家农业政策性金融机构，其贷款余额占全市金融机构贷款余额的 44%，居全市各家金融机构之首。截至 2016 年 3 月末，各项贷款余额 407 亿元，其中各类储备贷款 347 亿元、占比 85%；各类老挂账贷款 40 亿元、占比 10%；不良贷款 15 亿元、占比 4%；中长期贷款 4 亿元，占比 1%。

自 1996 年成立以来，松原市农发行始终坚持农业政策性银行的职能，根据市委市政府农业发展规划和重点建设方向，严格落实和执行农发行信贷政策，积极支持地方"三农"经济发展。成立至今，松原市农发行已累计投放粮油贷款 892 亿元，支持企业收购粮油 4537 万吨，目前粮食库存达 1585 万吨，数量充足、质量良好。近年来，随着经济下行，粮食加工和贸易市场不景气，松原市农发行严格落实执行国家托市收购政策，自 2012 年累计投放托市收购贷款 416 亿元，收购入库粮食 1846 万吨，有效保障了全市粮食安全，切实保护了种粮农民的利益。

3. 提升了农业农村基础设施水平

松原市农发行重点支持的中长期信贷业务主要有农村土地整治、农村路网建设、重大水利工程建设、棚户区改造、县域公共基础设施建设、土地流转和规模化经营、改善农业农村生态环境基础设施建设和扶贫项目等方面。近年来，松原市农发行审批哈达山水利枢纽和灌区、查干湖机场工程、松原市土地储备等中长期贷款项目 6 个，金额 16.68 亿元，已发放 5.42 亿元，重点支持了松原灌区、查干湖机场和哈达山水利枢纽工程等项目建设。2015 年，松原市农发行会同发改委积极申报了农发投资基金项目，累计投入项目资本金 1.79 亿元，有效推动了项目实施。未来，松原市农发行还将继续支持县域农村路网建设，预计投放 5 亿元；继续支持农村土地整治项目，预计投放 10 亿元；继续支持松原灌区重大水利建设，预计投放 4 亿元；继续支持棚户区改造项目，预计投放 25 亿元。针对这些重大水利、农村路网项目、棚改和改善农村人居环境项目，松原市农发行将积极争取采用PSL[①]优惠利率，降低企业融资成本。

在各涉农金融机构的支持下，前郭县新型经营主体的资金瓶颈得以缓解，试举几例如下。2015 年，前郭县双丰米业公司在前郭县农发行4300 万元的资金支持下，累计收购水稻 1.45 万吨，解决了当地 70人的就业问题。2015 年，前郭县白依拉嘎乡"前郭县管成财农机专业合作社"获得了前郭县农业银行发放的"农机贷"97 万元，用于购买大型农用机械设备。至 2015 年年末，这些设备产生利润 35 万元。前面提到的白依拉嘎乡颂禾合作社，经过 6 年的经营，从创立合作社时的 4 人发展到目前的 2800 人。每年在种子、化肥的储备旺季，合作社的自筹资金远远不能满足其经营服务的需要。在合作社没有固定资产抵押，没有耕种土地，只是通过统购、统销、提供咨询服务、培训得到收入的情况下，阳光村镇银行以该社法人代表个人的名义，采取同社人员、其他合作社成员、经营户保证担保的方式，先后累计为其发放贷款 220 万元。在银行信贷资金的支持下，合作社不断发展壮大，与国内外数十个知名品牌合作，为农民社员提供优质种子、化肥等产品和优质便捷的植保服务。

三、新型经营主体发展存在的问题

尽管前郭县新型农业经营主体发展颇具规模，但其发展仍面临着

---

① 抵押补充贷款（Pledged Supplementary Lending，PSL）是再贷款的一种，是央行借贷给商业银行的一种贷款方式。在我国，有很多信用投放，比如基础设施建设、民生支出类的信贷投放，往往具有政府一定程度担保但获利能力差的特点。如果商业银行基于市场利率水平自主定价、完全商业定价，对信贷较高的定价将不能满足这类信贷需求。PSL 通过直接为商业银行提供基建、民生支出领域的低成本资金，能够降低这部分社会融资成本。

一些问题，与发达地区相比，无论在数量规模上还是在经营模式创新上，还存在着一定的差距。

（一）土地流转积极性不高

由于东北地区土地平坦，机械化耕种水平较高，其人均耕地面积远高于全国平均水平，劳动强度则较低。随着农产品价格的提升和国家惠农政策实施力度的不断加大，东北地区从事农业经营的收入较为可观，部分在外务工、经商有了一定基础的农户也不愿意放弃土地的经营使用权，一面打工，一面耕种土地。东北作物只种一季，他们往往选择种植那些花费人工少、田间维护少的作物，以便于种上庄稼以后外出务工，并不太考虑作物产量等目标。另外，由于县市的工业化水平还不高，农民的劳动技能水平较低，农村的社会保障体系和社会养老体系还不健全，农户难以获得非农就业机会。特别是40岁以上的农民，外出打工很难找到工作。大部分农民把承包地视为"活命田"，不想流转，农民普遍存在守土经营、小富即安、不愿放田的思想，对土地流转的积极性不高，影响了土地流转。新型经营主体的经营规模与一家一户经营规模的差距并不算大，其生产管理方式并没有发生质的变化，盈利能力也并没有太大的提升，甚至还有所下降，严重影响了规模经济效益的发挥，制约了新型经营主体的健康发展。

（二）融资贷款可及性差

首先，由于一些新型经营主体处于刚成立的阶段，很多属于"松散型"的合作主体，既没有经营实体也没有完善的财务管理体系，更不具备抵押担保能力，信贷可及性不高。

其次，在林权、农村住房及宅基地、农机具、土地承包经营权抵押贷款上，存在着政府抵押登记部门不明确、配套政策和具体的实施办法未出台、缺乏与之相对应的中介评估机构等问题。

再次，松原市的担保公司总数少、资本规模偏小，很多担保公司的担保能力都达不到银行的合作准入标准，银行不认同，担保业务基本处于停滞状态，能够实际参与和开展涉农融资担保业务的担保公司就更少，致使农业农村贷款担保无法落实。

各涉农金融机构特别是大型国有金融机构的产品研发设计权限普遍上收，并且从自身的风险防范和业务流程上的考虑较多，对新型农业经营主体特别是农户个人贷款的需要和方便上的考虑较少，缺乏能够真正适应客户需求的金融产品，抵押担保形式单一，土地、房屋等资产难以获得抵押，贷款门槛较高，很多新型农业经营主体因为受资金瓶颈的制约而发展困难。

这里也有社会信用环境有待改善的因素。松原市是农业大市，是一个建市仅 24 年的新市，民营经济并不发达，地方财力并不充裕。以松原市农发行为例，自 2005 年支持民营企业以来，累计支持民营企业超过 100 户，至 2009 年，先后有近 20 户企业产生不良贷款，不良贷款余额高达 15 亿元。

此外，缺乏资金的支持使前郭县的农田基础设施普遍较差，抵御自然灾害的能力较弱，再加上农民参加农业保险的意识不强，农业保险体系还不健全，农业生产的潜在风险很大。考虑到农业生产的高风险，涉农金融机构由于贷款投入后的管理、收回和经济责任等问题就更加惜贷，造成了农业生产风险高和涉农金融机构惜贷的恶性循环。

（三）农民专业合作社发展不规范、缺乏专业人才

目前，前郭县合作社的注册资本多在 20 万元左右，经济实力不强，有的甚至存在名义社员及家庭合作社，真正上规模、具有一定影响力和竞争力的合作社在总数中占比较低。前郭县农民专业合作社参与者基本是农民，经营管理职务主要由合作社内部人员担任，文化水平、经营能力、技术水平相对不高。大部分合作社管理人员仅在种植、养殖、加工、销售等其中一个方面有一定的专长，但他们往往缺乏理论知识、科技新知识和经营管理能力。合作社缺少组织协调、技术指导、经营管理、市场营销等复合型人才。管理人才的匮乏导致相当一部分专业合作社的《章程》不规范，"今年办、明年散"的现象时有发生。内部运行缺乏监督，虽然设有理事会、监事会等监督机构，但大多流于形式，一个人说了算或内部人控制的问题比较突出。财务管理体制不健全，运作和管理随意，存在不记账或者只记"流水账"，不编制会计报表、不设置成员账户、不进行盈余分配等问题。多数合作社未能按规定提取公积金，发展思路不清晰，社员收益不大。

（四）龙头企业带动性不强，农业产业链不够发达，制约了规模经济效益的发挥

前郭县的龙头企业规模小、门类单一，科技含量不高，缺乏市场占有率高、影响力大的龙头产品，至今没有一个国家级农业产业化龙头企业。畜禽加工能力不到30%，花生、奶类的加工企业刚刚建成，玉米、果蔬、杂粮等农产品加工还处于空白状态。前郭县农产品加工企业主要产品为稻米、饲料、畜禽产品等，这些产品中加工产品多，制造产品少；初级产品多，高级产品少；精深加工程度不高，科技含量不高，附加值低。农业产业化水平低，产业链条不够长，使得开展土地集约化规模化经营的盈利性不明显。

四、新型经营主体发展的对策建议

(一)促进土地规范化流转

要加快推进农村劳动力非农转移，统筹城乡发展，完善农村社会保障体系，使农民有条件、有保障地流转土地。要进一步稳定家庭承包关系，加快承包地确权颁证工作，将承包权明确到地块，确保农民对土地的合法权益。要扶持发展土地流转中介服务组织，建立土地流转新型发布机制，培育土地流转市场，降低土地流转的交易成本。

(二)健全社会化服务体系

目前，松原市拥有市、县、乡农业技术推广机构84个，农业技术推广人员879人。要根据各地实际情况，制定站长、农技员、植保员、农村能源环保员的岗位职责，建立首问责任制、责任追究制、服务承诺制、结对服务制、包村联户工作责任制等制度，积极培育和发展农机、植保、农资、农技等服务组织，推进以机耕、机播、机收等机械化作业为主的农机大户和农机专业组织发展，提升全程机械化水平。要积极适应调整农业结构的新形势，调整农业技术推广队伍的专业结构，加大培养新技术、复合型、企业管理、产品营销方面的人才。要建立放心农资供应网络，提供优质农资服务。以基层供销社原有的农资经营网络和乡镇农业技术推广站为依托，构筑城乡批零一体化营销服务网络。要鼓励农村社会化服务组织开展承租、代管、代耕、烘干①等各项服务。

---

① 据统计，前郭县19144个种粮大户均不拥有烘干设备，严重制约了粮食储存能力。

（三）加强针对性的引导和管理

要整合管理服务资源，协调整合涉农各行政部门的管理服务能力，及时了解新型经营主体的真实情况和实际需求，提供政策、信息、技术等方面的服务，有效监管和扶持新型经营主体生产与发展。要严格申报程序，实行分类指导和动态管理，对于经营良好的新型经营主体给予政策扶持，对于以圈地为目的，造成耕地非农化、非粮化的现象，要依法予以制止。

（四）加大金融、财税、保险等的支持力度

开发适合新型经营主体的信贷产品，扩大开办土地承包经营权抵押贷款的银行范围，探索针对养殖农户的畜牧业贷款，采用金融机构＋农户＋基地＋担保公司的新型信贷模式，缓解缺少担保、分散经营、抵押物不足的难题，拓宽家庭农场、专业大户的融资渠道。开办政策性农业保险品种，建立市场化的农业风险分担、补偿机制，降低金融支农风险。对涉农金融机构发放的涉农贷款，可以从税收上进行减免，降低营业税、所得税的缴纳比例，或是给予财政补贴，吸引金融机构加大对新型经营主体的资金支持。人民银行可以对农信社、农商行、村镇银行发放支农再贷款，指定涉农贷款利率的上限，限定贷款发放的对象。农商行可以发挥政策性金融的功能，承担起支持农村发展的责任，直接对新型经营主体提供低利率的贷款。建议将新型经营主体生产设施用地和附属设施用地按农用地管理，在年度建设用地指标中单列一定比例，专门用于新型经营主体建设配套辅助设施，进一步降低用地、用电收费标准。

第十章

发挥农业规模经济需要政策体系配套

发挥农业生产的规模经济效益，要采取财政奖补等措施，推进多种形式的农业适度规模经营，包括土地规模经营和服务社会化。在土地规模经营方面，引导农户依法采取转包、出租、互换、转让、入股等方式流转承包地。在坚持农村土地集体所有和充分尊重农民意愿的基础上，稳妥开展农户承包地有偿退出试点，引导有稳定非农就业收入、长期在城镇居住生活的农户自愿退出土地承包经营权。有条件的地方在坚持农地农用和坚决防止"非农化"的前提下，可以根据农民意愿统一连片整理耕地，尽量减少田埂，扩大耕地面积，提高机械化作业水平。

在服务社会化方面，采取财政扶持、信贷支持等措施，加快培育农业经营性服务组织，开展政府购买农业公益性服务试点，积极推广合作式、托管式、订单式等服务形式。支持供销合作社开展农业社会化服务，加快形成综合性、规模化、可持续的为农服务体系。总结推广多种形式农业适度规模经营的典型案例，充分发挥其示范带动作用。

一、有序推进土地规模化经营

本书的研究表明，土地适度规模化经营对农业全要素生产率有重要的促进作用，而且全国范围内三大主粮的生产都呈显著的规模报酬递增趋势。当然，随着土地经营规模的扩大，粮食单产水平呈先升后降的"倒U"趋势，成本利润率则呈下降趋势。这说明农户的经营规模并不是越大越好，而是要维持在恰当的范围内。推进我国农业的适度土地规模经营，需要继续加大力度转移农村剩余劳动力、区分作物品种和地区推进适度规模化、政府引导土地流转规范化、加强农村融资服务、探索多主体规模经营等。

（一）继续加大转移农村剩余劳动力的力度

本研究基于全国范围内的受访农户样本数据得出结论：粮食适度种植的规模在150亩左右，而目前户均耕地面积只有25亩，意味着为了达到这一适度规模，需要转出8成以上的农业劳动力，这是一项十分艰巨的任务。但只有这些劳动力转移出去，才能为实现土地规模经营创造更好的条件。

转移农村剩余劳动力，必须继续大力推进城镇化，积极发展第二、三产业尤其是第三产业吸纳就业。转移农村劳动力必须遵循经济社会发展规律，因地制宜，在保证经济社会稳定发展的前提下，合理有序地推进。同时，要加快农业新技术和先进生产要素的研发和推广应用，不断优化要素配置，推动我国农业从传统农业向现代农业转型，促进农业生产经营方式的转变。

（二）区分作物品种和地区推进适度规模化

本书的研究表明，不同种类的粮食在不同地区的规模经济有差异，同一种类的粮食在不同种植规模、不同地区的 TFP 有差异。这就要求在推进土地适度规模经营时必须区分作物品种和地区，不能搞"一刀切"。

水稻无论是从产出还是利润的角度看，东部地区的规模经济效益都是最大的，说明东部地区非常适宜推进水稻的规模经营，可以考虑先从东部地区优先推进。玉米无论是从产出还是利润的角度看，中部地区的规模经济效益都是最大的，说明中部地区非常适宜推进玉米的规模经营，可以考虑先从中部地区优先推进。而对于小麦来说，从产出的角度看，中部地区的规模经济效益最大；从利润角度看，东部地区的规模经济效益最大。因此，在选择推进小麦规模经营的地区时，需要兼顾产出和利润的目标，统筹考虑增产与增收的平衡。

要兼顾劳动生产率与土地产出率，把握好土地经营规模的"适度"。土地经营规模要与城镇化进程和农村劳动力转移规模相适应，与农业科技进步和生产手段改进程度相适应，与农业社会化服务水平提高相适应，并充分考虑地区差异，自然经济条件、生产费用成本、农业机械化水平等因素，不是流转规模越大就越好。要防止脱离当地实际、违背农民意愿、片面追求超大规模经营的倾向，严禁人为归大堆、垒大户，搞政绩工程。

（三）政府引导土地流转规范化

农村土地流转是发展农业适度规模经营的基础保障，农户在承包期内依法、自愿、有偿流转土地承包经营权，是逐步发展适度规模经营的重要途径。土地流转过程的规范化对促进土地流转至关重要。土地流转中，要始终坚持依法自愿有偿原则，不得损害农民权益、不得改变土地用途、不得破坏农业综合生产能力。要因地制宜、循序渐进，尊重农民意愿，不能搞大跃进，不能搞强迫命令，不能搞行政瞎指挥，使土地流转规范有序进行、平稳健康发展。要严格规范土地流转行为。土地流转的主体是农户，任何组织无权以任何方式决定流转农户的承包地，更不能以少数服从多数的名义，将整村整组农户承包地集中对外招商经营。要鼓励承包经营权在公开市场上流转，鼓励土地在农户间流转，向种田能手流转。严禁以下指标、定任务、赶速度等方式行政推动土地流转。流转的土地要用于农业特别是粮食规模化生产，严禁借土地流转之名搞非农建设，严禁破坏、污染、圈占闲置、撂荒耕地。

在土地流转中，一方面，不能用简单化的行政干预手段来推进，推进过程不能演变成为其他利益主体对农民土地权益的剥夺过程，更不能成为大规模制造无地农民群体的被动挤出过程；另一方面，应当更加重视保护农民的主体地位，对通过保底分红等方式流转土地和发展适度规模经营的新探索，给予更多关注和支持，更稳定持久地保障农民的土地收益权。政府应发挥引导和服务职能，制定相关政策以明确土地流转的规模、进度、期限及机制。具体做法包括：建立资格审查、项目审核、风险保障金制度，对土地承包人口、承包地块的面积和空间位置进行清查核实，保证信息准确真实，严格依法规范操作，过程公正公开，并建立纠纷调解机构和工作机制，以保护农民权益。

政府在建立土地流转机制的过程中，有以下几点需要注意。

一是规模大小要适中。规模过小，务农收入达不到务工收入，农民没有积极性；规模过大，导致管理粗放，影响土地产出率，影响粮食单产的增长。保证务农收入水平要与务工收入水平、当地经济社会发展水平相适应，种植规模要与技术推广、经营管理水平相适应，土地集中程度要与农村经济社会贫富差距水平相适应。

二是正确处理流入方与流出方的关系。要建立土地流转双方的利益分享机制，使流出方的土地流转收益要能够补偿生活成本的提高和寻找新的就业机会的成本等。既要通过土地流转、规模经营提高农业生产的效率和效益，又要带动绝大多数农民收入快速增长、均衡增长。

三是正确处理新型主体与传统农户的关系。在发展新型主体的同时必须统筹兼顾，绝不能忽视普通农户的地位和作用。在扶持重点上，不能只富了少数人、忘了大多数，造成农村收入差距扩大。要考虑大多数普通农户的利益，更多实施普惠性政策措施和项目，让绝大多数普通农民都能得到财政扶持的好处。

四是正确处理好政府引导与农民自愿的关系。推进土地规模流转，必须尊重农民的意愿，坚持依法、自愿、有偿流转土地经营权，保护农民的权益。

（四）防范土地流转中的过度"非农化""非粮化"倾向

规模化集约化经营给农村带去了资金、技术、人才和先进的管理理念，为农业现代化的发展发挥了积极的作用，但也要注意防范土地流转中的过度"非农化""非粮化"倾向，绝不允许借土地流转之名，行圈地、屯地之实。要加大粮食生产扶持的力度，鼓励和支持流转土地用于粮食生产，绝不允许借土地流转之名，搞非农建设。

为了鼓励流转土地用于粮食生产，2014 年 11 月，中共中央办公厅，国务院办公厅印发的《关于引导农村土地经营权有序流转发展农业适度规模经营的意见》中明确提出：一是要通过新增补贴向粮食生产规模经营主体倾斜，优先安排农机具购置补贴，开展生产者补贴试点、目标价格保险试点、营销贷款试点，逐步实现粮食生产规模经营主体"愿保尽保"等措施，重点扶持粮食规模化生产。二是通过粮食主产区、粮食生产功能区、高产创建项目实施区的产业规划和相关的农业生产扶持政策，引导经营主体生产粮食。三是通过合理引导土地流转价格，以降低粮食生产成本，稳定粮食种植面积。可以采取粮食直接补贴、良种补贴、农资综合补贴等政策，遏制农田抛荒。

同时，对于工商企业租赁农户承包地加强监管和风险的防范，对工商企业长时间大面积租赁农户承包地要有明确的上限控制。建立健全资格审查、项目审核、风险保障金三项制度，严格准入门槛，加强事后监管，探索建立严格的工商企业租赁农户承包耕地准入和监管制度。同时，要定期对租赁土地企业的农业经营能力、流转承包地用途等情况进行监督检查，查验土地利用、合同履行等情况，及时查处纠正浪费农地资源、改变农地用途等违法违规行为。

二、加快推进农业服务规模化

农业服务体系的规模化为现代农业提供了完备的专业服务和技术支撑，促进了农村产业分工的深化细化，从而能带动农业产业升级和发展方式转变。

推进我国农业服务规模化，需要积极培育农业合作组织。通过共同使用农业机械、开展联合营销等方式发展联户经营，培育多种形式的农业合作组织。通过发展农业合作组织，实现农业生产资料规模供给、农业技术统一服务、农产品统一销售，实现包括产前、产中、产后的整个农业产业链的规模经营。支持涉农龙头企业从事农产品加工流通和农业社会化服务，带动农户和农民合作社发展规模经营。

鼓励农民通过合作与联合的方式参与社会化服务，充实和完善为农服务主体联农带农的财政激励机制，鼓励为农服务主体为农户提供技术培训、贷款担保、农业保险资助等服务，大力发展一村一品、村企互动的产销对接模式。创建农业产业化示范基地，推进原料生产、加工物流、市场营销等一、二、三产业融合发展，促进产业链增值收益更多留在产地、留给农民。支持农业产业化示范基地开展技术研发、质量检测、物流信息等公共服务平台建设。

鼓励和支持工商企业发展适合企业化经营的现代种养业。鼓励和支持它们进入农产品加工流通和社会化服务流域，与农户、农民合作社建立紧密的利益联结机制，带动农民发展规模经营。

三、推进适度规模经营需要政策配套

（一）培育多元化的新型经营主体

一是培育新型职业农民。加强农民教育培训体系条件能力建设，深化产教融合、校企合作和集团化办学，促进学历、技能和创业培养相互衔接。鼓励进城农民工和职业院校毕业生等返乡创业。

二是加快发展农民专业合作社。鼓励农户联合组成合作社、股份制组织等，并通过土地流转、入股和地块互换、归并等方式，提高单一经营主体土地经营规模。

三是大力培育家庭农场。要发挥家庭经营的基础作用，重点培育以家庭成员为主要劳动力、以农业为主要收入来源，从事专业化、集约化农业生产的家庭农场，使之成为引领适度规模经营、发展现代农业的有生力量。

四是做大做强龙头企业。引导龙头企业创办或领办各类专业合作组织，实现龙头企业与农民专业合作社深度融合。通过财政贴息、信贷奖励补助、设立并购基金等方式，支持龙头企业兼并重组，组建大型企业集团。

（二）推进标准化品牌化建设，提升农产品质量安全

一是加强农业标准化工作。制定推广简明易懂的生产技术操作规程，推进农业标准化示范区建设。扶持新型农业经营主体率先开展标准化生产。

二是打造农业品牌。开展农业品牌塑造培育、推介营销和社会宣传，着力打造一批有影响力、有文化内涵的农业品牌，提升增值空间。

三是建设农产品质量安全监管体系。开展农产品质量安全追溯试点，探索建立产地质量证明和质量安全追溯制度，推进产地准出和市场准入。构建农产品质量安全监管追溯信息体系，促进各类追溯平台互联互通和监管信息共享。加强农产品产地环境监测和农业面源污染监测，强化产地安全管理。加强农业执法监管能力建设，改善农业综合执法条件。

（三）加强财政支农力度、发展农村金融

随着土地流转的加快，新型经营主体的经营规模越来越大，但由于它们缺乏有效的可供抵押的资产，新型经营主体的发展面临着很大的资金瓶颈，急需财政金融政策解决融资难问题。

一是加大财政支农力度。研究改革农业补贴制度，使补贴资金向种粮农民以及家庭农场等新型农业经营主体倾斜。在全国范围内引导建立健全由财政支持的农业信贷担保体系，为粮食生产规模经营主体

贷款提供信用担保和风险补偿。继续完善财政补助和贷款贴息政策，支持龙头企业与合作社、农民建立紧密的利益联结机制。强化涉农贷款财政奖励补贴，调整绩效考核机制，形成对金融机构支农的有效激励和约束。破除体制机制障碍，通过贷款贴息、先建后补、股权投资等多项措施，带动金融和社会资本投入。

二是深化农村金融改革。完善土地经营权等抵押物处置平台，创新农村资产抵押模式。完善多层次金融体系，加快发展农村合作金融，大力发展互联网金融。支持粮食生产规模经营主体开展营销贷款试点。创新金融服务，把新型农业经营主体纳入银行业金融机构客户信用评定范围，对信用等级较高的在同等条件下实行贷款优先等激励措施，对符合条件的进行综合授信；探索开展农村承包土地经营权抵押贷款、大型农机具融资租赁试点，积极推动厂房、渔船抵押和生产订单、农业保单质押等业务，拓宽抵质押物范围；支持新型农业经营主体利用期货、期权等衍生工具进行风险管理。

参考文献

[1] Cohn C. 1992. Returns to Scale and Economies of Scale Revisited. Journal of Economic Education, 23 (2): 123~24

[2] Chen Z, Huffman W E, Rozelle S. 2009. Farm Technology and Technical Efficiency: Evidence from Four Regions in China. China Economic Review, 20 (2): 153~161

[3] Fan, Shenggen and Zhang, Xiaobo. 2002. Production and Productivity Growth in Chinese Agriculture: New National and Regional Measures. Economic Development and Cultural Change, 50 (4): 819

[4] Fleisher B M, Liu Y. 1992. Economies of Scale, Plot Size, Human Capital, and Productivity in Chinese Agriculture, Quarterly Review of Economics and Finance, 32 (3): 112~123

[5] Jin S Q, Huang J K, Hu R F etc. 2002. The creation and spread of technology and total factor productivity in China. American Journal of Agricultural Economics

[6] Lin, Justin Yifu. 1992. Rural Reforms and Agricultural Growth in China. American Economic Review, 82 (1), 34~51.

[7] Lin, Justin Y, Yao Yang. 2001. Chinese Rural Industrialization in the Context of the East Asian Miracle, in Joseph E. Stigilitzand Shahid Yusuf, eds., Rethinking the East Asian Miracle. Oxford and New York: The Oxford University Press

[8] McMillan, John, Whalley, etc. 1989. The Impact of China's Economic Reforms on Agricultural Productivity Growth. The Journal of Political Economy, 97 (4), 781~807

[9] Rozelle Scott, 黄季焜. 2005. 中国的农村经济与通向现代工业国之路. 经济学, (3)

[10] Tan S, Heerink N, Kruseman, etc. 2008. Do Fragmented Landholdings Have Higher Production Costs? Evidence From Rice Farmers in Northeastern Jiangxi Province, P. R. China. China Economic Review, 19 (3): 347~358

[11] Truett L J, Truett D B. 1990. Regions of the Production Function, Returns, and Economies of Scale: Further Considerations. Journal of Economic Education, 21 (4): 411~419

[12] Wan G H, Cheng E. 2001. Effects of Land Fragmentation and Returns to Scale in the Chinese Farm-

ing Sector. Applied Economics, 33（2）：183～194

［13］Zhang Linxiu, Jikun Huang, Scott Rozelle. 1997. Land Policy and Land Use in China. Agricultural Policies in China, 6：75～91

［14］蔡昉，李周．中国农业中规模经济的存在和利用．当代经济科学，1990（2）

［15］陈卫平．我国农业生产率增长、技术进步与效率变化：1990－2003年．中国农村观察，2006（1）

［16］陈锡文．构建新型农业经营体系刻不容缓．求是，2013（22）

［17］程国强．要牢牢把握农村土地流转的正确方向．国务院发展研究中心《调查研究报告》，第135号（总第3444号），2009－10－23

［18］程郁，张云华．日本农地规模经营制度及其对我国的启示，国务院发展研究中心《调查研究报告》，第181号（总第4680号），2014－12－27

［19］顾海，孟令杰．我国农业TFP的增长及其构成．数量经济技术经济研究，2002（10）

［20］韩俊．从小规模均田制走向适度规模经营．调研世界，1998（5）

［21］韩俊．提高粮食生产能力确保国家粮食安全．国务院发展研究中心《调查研究报告》，第46号（总第4295号），2013－4－19

［22］韩俊．准确把握土地流转需要坚持的基本原则．国务院发展研究中心《调查研究报告》，第152号（总第4651号），2014－10－28

［23］贺亚琴，冯中朝．规模经济与农业适度规模经营——基于我国油菜生产的实证研究．农村经济与科技，2012，23（6）

［24］胡初枝，黄贤金．农户土地经营规模对农业生产绩效的影响分析——基于江苏省铜山县的分析．农业技术经济，2007（6）

［25］黄季焜，马恒运．差在经营规模上——中国主要农产品生产成本国际比较，国际贸易，2000（4）

［26］江激宇，李静，孟令杰．我国农业生产率的增长趋势：1978－2002．南京农业大学学报，2005（28）

［27］蒋建科．转基因抗虫棉打破国外垄断．人民日报，2011－3－23. http：//ip. people. com. cn/GB/14211445. html

［28］李谷成．技术效率、技术进步与我国农业生产率增长．经济评论，2009（1）

［29］李谷成．人力资本与我国区域农业全要素生产率增长．财经研究，2009，35（8）

［30］李建林等．中国耕地破碎化的原因及其对策研究．农业经济，2006（6）

［31］李静，孟令杰．我国农业生产率的变动与分解分析：1978～2004年——基于非参数的HMB生产率指数的实证研究．数量经济技术经济研究，2006（5）

［32］李文明等．农业适度规模经营：规模效益、产出水平与生产成本．我国农村经济，2015（3）

［33］刘春芳，王济民．新形势下我国新农村建设科技发展问题研究．农业经济与科技发展研究2008. 北京：中国农业出版社，2008

［34］刘凤芹．农业土地规模经营的条件与效果研究：以东北农村为例．管理世界，2006（9）

［35］刘玉铭，刘伟．对农业生产规模效益的检验——以黑龙江省数据为例．经济经纬，2007（2）

［36］倪国华，蔡昉．农户究竟需要多大的农地经营规模？——农地经营规模决策图谱研究．经济研究，2015（3）

［37］全炯振．中国农业全要素生产率增长的实证分析：1978～2007年．中国农村经济，2009

（9）

[38] 苏旭霞，王秀清．农用地细碎化与农户粮食生产——以山东省莱西市为例的分析．中国农村经济，2002（4）

[39] 万广华，程恩江．规模经济、土地细碎化与我国的粮食生产．中国农村观察，1996（3）

[40] 王钰，宋文飞，韩先锋．我国地区农业全要素生产率及其影响因素的空间计量分析——基于1992～2007年省域空间面板数据．中国农村经济，2010（8）

[41] 夏锋，张娟．农民期盼长期而有保障的土地使用权——中改院29省700农户问卷调查，2008. http：//theory. people. com. cn/GB/49154/49369/8157816. html

[42] 谢花林，刘桂英．1998～2012年中国耕地复种指数时空差异及动因．地理学报，2015，70（4）

[43] 许庆，尹荣梁．中国农地适度规模经营问题研究综述．中国土地科学，2010，24（4）

[44] 许庆，尹荣梁，章辉．规模经济、规模报酬与农业适度规模经营．经济研究，2011（3）

[45] 杨俊，陈怡．基于环境因素的中国农业生产率增长研究．中国人口资源与环境．2011，21（6）

[46] 姚洋．小农与效率—评曹幸穗．旧中国苏南农家经济研究．中国经济史研究，1998（4）

[47] 叶剑平，罗伊·普罗斯特曼．中国农村土地农户30年使用权调查研究——17省调查结果及政策建议．管理世界，2000（2）

[48] 张红宇，王乐君，李迎宾，李伟毅．关于深化农村土地制度改革需要关注的若干问题．中国党政干部论坛，2014（6）

[49] 赵蕾，王怀明．中国农业生产率的增长及收敛性分析．农业技术经济，2007（2）

[50] 赵文，陈杰．中国农业全要素生产率的重新考察——对基础数据的修正和两种方法的比较．中国农村经济，2011（10）

[51] 赵芝俊，张社梅．近20年中国农业技术进步贡献率的变动趋势．中国农村经济，2006（3）

[52] 曾先锋，李国平．我国各地区的农业生产率与收敛：1980－2005．数量经济技术经济研究，2008（5）

[53] 周端明．技术进步、技术效率与我国农业生产率增长——基于DEA的实证分析．数量经济技术经济研究，2009（12）

[54] 周志专．我国农业生产率的时空特征研究——基于序列DEA的非参数测度框架．湖北社会科学，2014（2）

[55] 朱喜，史清华，盖庆恩．要素配置扭曲与农业全要素生产率．经济研究，2011（5）